Michael K. Legutke
& Wiltrud Lortz (Hrsg.)

Englisch
ab Klasse 1

Das hessische *Merry-Go-Round*-Projekt
Analysen und Berichte

Cornelsen

Michael K. Legutke
Wiltrud Lortz

Englisch ab Klasse 1

Das hessische *Merry-Go-Round*-Projekt
Analysen und Berichte

1. Auflage   Druck 4 3 2 1   Jahr 05 04 03 02

Druck: Lengericher Handelsdruckerei, Lengerich/Westfalen

ISBN 3-464-34482-7

Bestellnummer 344827

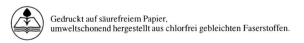 Gedruckt auf säurefreiem Papier,
umweltschonend hergestellt aus chlorfrei gebleichten Faserstoffen.

Inhaltsverzeichnis

Englisch ab Klasse 1: Eine Einführung

Michael K. Legutke und Wiltrud Lortz

Der Trend, Fremdsprachenlernen bereits in der Primarstufe anzubieten, ist in Europa nicht mehr aufzuhalten (Kubanek-German 1998). Dass immer mehr Kinder die Chance erhalten, eine fremde Sprache als Teil der Grundbildung in der Primarstufe zu erlernen, dürfte in naher Zukunft europäische Normalität sein. Auch die Länder der Bundesrepublik Deutschland spiegeln diesen Trend (vgl. Bludau 1998 a, b, c). Obwohl die Angebote teils erheblich differieren, was Zeitbudgets in der Stundentafel, Zielvorstellungen und Verbindlichkeit betrifft, haben sich mittlerweile alle Bundesländer dem Trend angeschlossen. So wurden beispielsweise in Hessen für das Schuljahr 1999/2000 die rechtlichen Voraussetzungen für eine flächendeckende Einführung von Fremdsprachen ab Klasse 3 dadurch geschaffen, dass die Stundentafel für die Jahrgangsstufen 3 und 4 jeweils zwei Wochenstunden Fremdsprachenunterricht ausweist. Ähnlich werden weitere Bundesländer verfahren. Baden-Württemberg steigt bereits mit Klasse 1 ein: Mit dem Schuljahr 2001/2002 werden ein Drittel aller Grundschulen an einem Pilotprojekt teilnehmen, für das die Stundentafel je Jahrgangsstufe zwei Wochenstunden vorsieht. Ziel ist die flächendeckende Einführung von Fremdsprachen ab Klasse 1 zum Schuljahr 2004/05 (Hoffmann 2001).

Angesichts dieser Entwicklungen, die zeigen, dass die Frage, ob Fremdsprachen überhaupt in die Grundschule gehören, bereits praktisch beantwortet ist, muss die Debatte um frühen Fremdsprachenunterricht nun verstärkt auf drei miteinander verschränkte Bereiche fokussiert werden: Zum einen geht es um **fremdsprachenpolitische Überlegungen**, um Fragen der Auswahl der Sprachen, der Sprachenfolge und der Diversifizierung des Sprachangebots. Mit dem vorverlegten Beginn des Englischunterrichts in die Grundschule kann doch nicht, wie Konrad Schröder zu Recht anmahnt, gemeint sein, aus einem heute schon langen, sieben- bis neunjährigen Lehrgang einen neun- bis dreizehnjährigen zu machen.

Der frühere Anfang muss den weiteren Fremdsprachen zugute kommen, sei es, dass mit ihnen selbst begonnen wird (wodurch Englisch zur zweiten oder, am Gymnasium, zur dritten Fremdsprache wird), sei es, dass der Englischunterricht in der oberen Sekundarstufe I und der Se-

kundarstufe II so organisiert wird, dass Platz für die weiteren Sprachen geschaffen wird (Schröder 1999, 1).

Zweitens müssen sich **fachdidaktische Überlegungen** verstärkt auf folgende Teilbereiche konzentrieren: Zum einen ist ein umfassendes, integratives Sprachenkonzept gefordert, das den primaren Fremdsprachenunterricht horizontal mit dem Deutschunterricht vernetzt, so dass in wechselseitiger Ergänzung zusätzlich zu kommunikativen Zielsetzungen Einsichten über sprachliche Grundstrukturen vermittelt sowie Reflektion über Sprache angeregt werden (vgl. Zydatiß 1999, 199). Dieses Sprachenkonzept sollte ferner dem Faktum sprachlicher Heterogenität in den Lerngruppen und der Zwei- oder Mehrsprachigkeit als individueller Bildungsvoraussetzung einzelner Lernender Rechnung tragen, indem es die gesamte außerschulische Sprachlernerfahrung, die unterschiedlichen sozialen Voraussetzungen und die mitgebrachte Mehrsprachigkeit, aber auch die schulischen Spracherfahrungen als Referenzrahmen für weiteres Sprachenlernen setzt (vgl. Gogolin 1999; Zydatiß 1999). Die systematische Berücksichtigung von Lernbiografien schließt, bezogen auf den primaren Fremdsprachenerwerb, die Frage nach seiner Anschlussfähigkeit, seiner vertikalen Vernetzung mit nachfolgendem Fremdsprachenerwerb ein. Damit Kontinuität möglich wird, sind nicht zuletzt die Stufenprofile zu beschreiben, die deutlich machen, was Kinder am Ende der Grundschule können (vgl. Piepho 2001).

Nicht zu trennen schließlich sind von diesen Fragen **schulorganisatorische und institutionelle Überlegungen**, die sich damit befassen müssen, wie eine Kooperation zwischen den häufig unverbundenen Teilbereichen des Bildungssystems erreicht werden kann, damit Lernzeiten in der Grundschule nicht zu Leerläufen werden, damit das Begonnene weiterentwickelt und bereits Geleistetes berücksichtigt werden kann.

Da Versuche, Antworten auf diese Fragen zu finden, notwendigerweise den Status Quo verändern, steht das Selbstverständnis der Grundschule und der Sekundarstufe I sowie deren Lehrkräfte auf dem Prüfstand. Solche Veränderung zu versuchen und durchzusetzen ist kein leichtes Unterfangen. So wichtig es bei solchen Versuchen ist, die großen Perspektiven im Blick zu halten, die Konrad Schröder in seinem programmatischen Aufsatz „Den Fremdsprachenunterricht europatauglich machen" (Schröder 1999) skizziert, so notwendig und hilfreich ist es zugleich, die Aufmerksamkeit auf regionale Lösungen zu richten. Wenn es dabei gelingt, die Mikroebene des Unterrichts zu erfassen, das Zusammenspiel der Lernenden und der Lehrkräfte zu ergründen, die Beziehungen der Grundschulen zu ihren Nachbarschulen zu sehen, die Kultur der Schule zu verstehen und mögliche Initiativen der Lehrerfortbildung im Hinblick auf ihre Wirksamkeit einzuschätzen, dann kann der Einzelfall wichtige Anregungen für andere Kontexte liefern. Die folgende Veröffentlichung ist einem solchen Einzelfall gewidmet. Im Mittelpunkt steht ein Schulversuch, der mit Unterstützung des Hessischen Kultusministeriums an der Europaschule in Gladenbach (Freiherr-vom-Stein-Schule) von 1994 bis 2000 durchgeführt wurde.

Was das Projekt über Hessen hinaus für Lehrkräfte, Aus- und Fortbilder, Fachdidaktiker und Studierende, die sich mit der Reform (fremd-)sprachlicher Bildung befassen, so interessant macht, ist die Tatsache, dass die Autoren und Autorinnen im Kontext dieses Einzelfalls aus unterschiedlichen Perspektiven konkrete Antworten auf einige der o. g. Brennpunktfragen geben. Zugleich erhält der Leser, die Leserin aus unterschiedlichen Perspektiven Einblicke in Inhalte eines Schulcurriculums und den Prozess seiner Entwicklung, eines Curriculums, das in das Profil einer Europaschule integriert ist und u. a. Korrespondenz- und Begegnungsprojekte in der Zielsprache als integralen Bestandteil der Arbeit definiert. Bemerkenswert ist ferner der Umstand, dass das Projekt in dreifacher Weise kritisch begleitet wurde, nämlich durch ein Team von Lehrerfortbildern, durch das Deutsche Institut für Internationale Pädagogische Forschung (DIPF) in Frankfurt und die Universität Gießen. Folgende Aspekte werden in den einzelnen Beiträgen behandelt:

Wiltrud Lortz, Referatsleiterin für Grundschulen am Hessischen Kultusministerium, situiert das Projekt in der bildungspolitischen Landschaft, wobei sie sowohl europäische wie bundesrepublikanische Entwicklungen berücksichtigt. Sie erörtert u. a. die Genese des Modellprojekts und befasst sich mit zentralen Fragen bezüglich des Zusammenspiels unterschiedlicher Rahmenbedingungen für eine einheitliche Einführung von frühem Fremdsprachenlernen.

Lehrkräfte und Vertreter der Schulleitung sind für das Herzstück der Veröffentlichung verantwortlich. Aus der Sicht der Schulleitung stellt Siegfried Seyler dar, wie sich der Schulversuch in den Gesamtrahmen einer Europaschule einpasst. Der Verfasser berührt dabei Aspekte von Schulentwicklung, Profilbildung und Schulorganisation. Edith Jacobs, Koordinatorin des Projekts und Lehrerin an der Grundschule sowie zugleich Fachberaterin für Englisch, führt in das Curriculum ein, indem sie nicht nur Themenkreise und Materialien vorstellt, sondern auch die Unterrichtsprinzipien darlegt und den Prozess der Erprobung und Revision nachzeichnet. Karin Drese berichtet als Lehrerin der Gladenbacher Grundschule von Erfahrungen mit Klassenkorrespondenz als integralem Bestandteil des Modellversuchs. Ulrich Andersch schließlich, Fachsprecher für Englisch, betrachtet den Versuch und seine Folgen im Hinblick auf die Weiterführung des Begonnenen in der Sekundarstufe I.

Michael Legutke, Universität Gießen, stellt eine Lernstandserhebung vor, die am Ende der 4. Klasse durchgeführt wurde. Diese ist nicht auf individuelle Leistungen der Lernenden gerichtet, sondern auf die einzelnen Lerngruppen, deren Lernstände verglichen werden. Ermittelt werden erkennbare Stufenprofile nach vier Jahren Begegnung und Arbeit mit Englisch. Der Verfasser geht der Frage nach, welche sprachlichen Kompetenzen die Kinder erworben haben, und wie man solche Kompetenzen beschreiben bzw. feststellen kann. Der Beitrag thematisiert auch die bis heute nur sehr unbefriedigend diskutierte Frage, wie das in der Grundschule Erreichte in den weiterführenden Schulen fortgeführt werden kann.

Christoph Edelhoff vom Hessischen Landesinstitut für Pädagogik (HeLP) und Rolf Römer, Dezernent bei der Schulaufsicht, haben das Projekt in der Schlussphase begleitet und mit der Fachkonferenz Englisch in mehreren schulinternen Seminaren Fragen der Weiterführung bearbeitet. Der Bericht gibt einen Einblick in die Werkstattarbeit.

Christoph Kodron vom Deutschen Institut für Internationale Pädagogische Forschung (DIPF) hat den Modellversuch im Auftrag des Hessischen Kultusministeriums wissenschaftlich begleitet. Auf der Basis vieler Unterrichtsbesuche in allen Jahrgangsstufen, Eltern- und Lehrerbefragungen diskutiert er die Erträge aus der Außenperspektive. Dabei werden nicht nur die Sicht der Eltern analysiert, sondern auch Fragen der Unterrichtsqualität und der Lehrerqualifikation berührt.

Eine zusammenfassende Bibliografie sowie einige ausgewählte Dokumente beschließen diesen Band. Letztere geben zumindest ein wenig von der Vielfalt und Lebendigkeit der Lernumwelt wieder, die Lehrerinnen und Lehrer zusammen mit den Lernenden schufen.[1]

---

1 Aus Gründen der Lesbarkeit haben sich die Herausgeber entschlossen auf die umständliche Formulierung Lehrer/Lehrerinnen und Schüler/Schülerinnen zu verzichten. Im folgenden Text wird deshalb durchgehend die männliche Form benutzt, wobei das weibliche Geschlecht stets mitgemeint ist.

Bildungs- und schulpolitische Brennpunkte des Modellprojekts Englisch ab Klasse 1

Wiltrud Lortz

Die europäische Politik verfolgt seit geraumer Zeit das gemeinsame Ziel, die junge Generation auf ihre Rolle als europäische Staatsbürger, auf den bevorstehenden Abbau der Grenzen zwischen den Arbeitsmärkten und die mit stärkerer Konkurrenz verbundenen höheren Anforderungen an allgemeine Kompetenzen vorzubereiten. Dies erfordert nicht nur Konsequenzen für das politische Handeln, es sind parallel dazu bildungspolitische Entscheidungen zu treffen, die eine derartige Entwicklung unterstützen und ermöglichen.

1 Fremdsprachliche Kompetenz als „europäisch dimensionierte Schlüsselqualifikation"

Um die Entstehung sprachlicher Vielfalt bei jungen Menschen in der Union zu unterstützen, hat die Europäische Kommission in ihrem Weißbuch zur allgemeinen und beruflichen Bildung unter anderem umfassende Aussagen zum Fremdsprachenunterricht gemacht. Vorgezeichnete Aktionslinien sollen zum Nachdenken und zur Entwicklung neuer Konzepte durch die Verantwortlichen im Bildungsbereich der Mitgliedstaaten anregen (Kommission der Europäischen Gemeinschaften 1995).

Als eines von fünf wichtigen Zielen und unabdingbare Voraussetzung für gute Chancen auf einen Arbeitsplatz in einem europäischen Markt ohne Grenzen wird im Weißbuch die „Beherrschung von mehreren Gemeinschaftssprachen" gesehen. Durch Mehrsprachigkeit sollen sowohl der Kontakt zu anderen erleichtert als auch die Bildung einer europäischen Mentalität und eines gemeinsamen Kulturbewusstseins gefördert werden. Dabei wird Fremdsprachenkompetenz als „wesentliches Element der Allgemeinbildung" und Voraussetzung für die immer wichtiger werdende Mobilität innerhalb der Union gesehen. Für wünschenswert werden der Beginn des Fremdsprachenlernens schon im Kindergarten, eine systematischere Fortführung in der Grundschule und das Hinzukommen einer weiteren Fremdsprache in der Sekundarstufe gehalten, ggf. mit dem Ziel, die erste Fremdsprache dann auch als

9

Unterrichtssprache in verschiedenen Fächern zu benutzen. Die Erfahrung mit dem Fremdsprachenlernen zeige, so das Weißbuch, dass ein möglichst frühzeitiger Beginn ein nicht zu vernachlässigender Faktor für den Erfolg in der Schule ist. Der frühzeitige Kontakt zu einer anderen Sprache sei mit der Beherrschung der Muttersprache nicht nur vereinbar, sondern fördere diese sogar noch. Auch weitere Ziele des Weißbuchs verdeutlichen die Intention der Europäischen Kommission, ein früheres und intensiveres Fremdsprachenlernen anzustreben, als es bisher in Schulen üblich war.

2 Früher Fremdsprachenunterricht in Deutschland

Fremdsprachenkompetenz gewinnt in der bildungspolitischen Diskussion in Deutschland zunehmend an Bedeutung und wird als Schlüsselqualifikation für das Leben in einer globalisierten Gesellschaft gesehen. So wurde auf der Grundlage eines Gutachtens, das 1994 von der Ständigen Konferenz der Kultusminister der Länder in Auftrag gegeben worden war, ein Rahmenkonzept zum Fremdsprachenunterricht erstellt, in dem auch die Belange der Grundschule ihre Wertigkeit und Berücksichtigung finden.

Nachdem in allen Bundesländern allgemein Konsens über die Notwendigkeit von frühem Fremdsprachenunterricht besteht, werden nun stärker Konzepte und Ziele diskutiert (Doyé 1993; Hegele 1996; Kubanek-German 1998). Es findet ein Umsetzungsprozess statt, der sich hinsichtlich des Umfangs, der didaktischen Konzeption, der Lehr- und Bildungspläne, des Lehrereinsatzes und der Lehrerausbildung und -fortbildung noch weitgehend in der Entwicklungsphase befindet.

Die notwendige Bilanzierung des bisherigen Fremdsprachenunterrichts und seine Zielformulierung müssen im Spannungsfeld zwischen wissenschaftlich fundierten Prinzipien und aus der Praxis erwachsenen Modellen und Anregungen erfolgen. Dabei darf nicht vergessen werden, dass hier bundesweit ein neues Fach eingeführt wird, das seine endgültigen Konturen noch gewinnen muss.

Allerdings gehen die Meinungen der Experten zu Fragen des Fremdsprachenerwerbs immer noch auseinander, z. B. in so zentralen Fragen wie: Welche Methode ist die richtige im Fremdsprachenunterricht? Welches Alter eignet sich am besten für den Beginn des Fremdsprachenlernens? Welche Sprachen sollen gelernt werden und in welcher Reihenfolge? Bei rund 70 verschiedenen Sprachen im gesamten Europa ist gerade bei der letzten Frage ein Konsens nicht leicht zu erzielen. Obwohl die europäische Politik intensiv das Ziel verfolgt, die sprachliche Vielfalt in der EU zu fördern, ist Englisch weiterhin dennoch die erste europäische Verkehrssprache. Gleichzeitig wird von einem Teil der Experten vor einer vorschnellen Festlegung auf nur eine „frühe" Fremdsprache gewarnt. Die Liberalisierung der Sprachenwahl und Sprachenfolge und die verstärkte Berücksichtigung der Nachbarsprachen mit dem Ziel, diese Sprachen verstehen und nicht unbedingt sprechen und schreiben zu können, ist eine Forderung derjenigen, die Sprachdiversifizierung als politische und marktwirtschaftliche Notwendigkeit sehen. So ist an deutschen Grundschulen nach wie vor Englisch mit Abstand die häufigste Fremdsprache, es zeichnen sich aber durchaus Tendenzen ab, Französisch oder in Grenznähe auch Niederländisch und Dänisch oder die östlichen Nachbarsprachen anzubieten.

Da trotz mancher noch ungelöster Fragen die grundsätzliche bildungspolitische Entscheidung der Bundesländer für Fremdsprachenunterricht in der Grundschule gefallen ist, richten sich die Anstrengungen nun im Wesentlichen auf seine Implementierung bzw. Konsolidierung. Zur Unterstützung dieses Prozesses und einer kontinuierlichen Entwicklung des Faches in Deutschland scheinen in der jetzigen Phase vorrangig Überlegungen zu den Bereichen administrative Rahmenvorgaben, Sicherung der Unterrichtsqualität, Unterstützungssysteme, wissenschaftliche Begleitung und Kontinuität des Faches notwendig, worauf später noch näher eingegangen wird.

3 Situation des frühen Fremdsprachenlernens in Hessen

Hessen hat bereits in den 60er-Jahren Erfahrungen mit dem Fremdsprachenlernen in der Grundschule gesammelt. Damals wurde ein Schulversuch „Englisch in der Grundschule" ab der dritten Jahrgangsstufe eingerichtet, an dem bis zu seiner Beendigung im Jahre 1989 120 Schulen teilgenommen haben. Ab 1983 erprobten auch drei Grundschulen Französisch in den Klassen drei und vier. Man ging in der Konzeption des Schulversuchs von der Überlegung aus, dass die gute Lerndisposition von Grundschulkindern für ein effektiveres Fremdsprachenlernen genutzt werden könne. Das Vorziehen von Konzepten aus der Sekundarstufe in die Grundschule führte allerdings zu eher negativen Erfahrungen. Erst die Schaffung einer grundschulgerechten Didaktik und Methodik und eines entsprechenden Curriculums wurde der Altersstufe und dem Entwicklungsstand der Kinder gerecht.

Stand in den ersten Jahren des frühen Fremdsprachenunterrichts in Hessen die Überlegung im Vordergrund, lern- und entwicklungspsychologische sowie psycholinguistische Gegebenheiten acht- bis zehnjähriger Kinder zu sehen und zu nutzen (Neugierverhalten, besondere Disposition, Imitationslernen, Unbefangenheit, Deckung von Sprach- und intellektuellem Vermögen etc.), so kam Ende der 80er-, Anfang der

11

90er-Jahre ein weiterer Argumentationsstrang hinzu. Der Blick richtete sich zusätzlich darauf, europabezogenes, interkulturelles Lernen und Erfahren zu ermöglichen und zu realisieren.

Parallel zu der schrittweisen Ausweitung des fremdsprachlichen Unterrichts wurden die rechtlichen Rahmenvorgaben ständig weiterentwickelt und den Erfordernissen angepasst:

- Das Hessische Schulgesetz enthält im Katalog der als Gegenstandsbereiche des Pflichtunterrichts genannten Fächer und Lernbereiche der Grundstufe die „Einführung in eine Fremdsprache". Damit wird der Fremdsprachenunterricht zu einem regulären Unterrichtsangebot.[1]
- Die Verordnung zur Ausgestaltung der Grundstufe präzisiert diese gesetzliche Vorgabe: „Der Fremdsprachenunterricht in der Grundschule umfasst die Begegnung mit fremden Sprachen ab Jahrgangsstufe 1 und die Einführung einer Fremdsprache ab Jahrgangsstufe 3. Dieses Unterrichtsangebot ist auf der Grundlage eines mit dem Staatlichen Schulamt abzustimmenden Stufenkonzepts zur Schaffung der personellen und sächlichen Voraussetzungen einzurichten."[2]
- Der Rahmenplan für die Grundschule beschreibt die Ziele, Inhalte und didaktischen Prinzipien des Fremdsprachenunterrichts. Bezüglich der Sprachenwahl, die von der Gesamtkonferenz einer Schule getroffen wird, werden im Sinne der Diversifizierung Englisch, Französisch oder eine andere europäische Sprache genannt.[3]
- Die Verordnung über die Stundentafel weist für die Jahrgangsstufen 3 und 4 jeweils zwei Wochenstunden Fremdsprachenunterricht aus.[4] In der Regel wird Englisch oder Französisch angeboten.[5]

Das Konzept des frühen Fremdsprachenunterrichts in Hessen fügt sich didaktisch und methodisch in das Curriculum der Grundschule ein und berücksichtigt dabei anerkannte Grundsätze und Prinzipien der Grundschularbeit.

---

1 Hessisches Schulgesetz vom 17. Juni 1992 (GVBl. I S. 233), zuletzt geändert durch Gesetz vom 30.6.1999 (GVBl. I S. 602), § 5.1
2 Verordnung zur Ausgestaltung der Grundstufe (Primarstufe) vom 23.8.1995 (Abl. S. 602), § 3.5
3 Rahmenplan Grundschule gemäß der 204. Verordnung über Rahmenpläne des hessischen Kultusministers vom 21.3.1995, S. 241–248
4 Verordnung über die Stundentafeln für die Grundschulen, die Schule für Lernhilfe, für die Schuljahrgänge 5 bis 10 der Hauptschule, der Realschule, des Gymnasiums, für die Förderstufe, für die schulformbezogene (kooperative) Gesamtschule sowie für die schulformübergreifende (integrierte) Gesamtschule vom 19.4.2000, § 7
5 Rahmenplan Grundschule gemäß der 204. Verordnung über Rahmenpläne des hessischen Kultusministers vom 21.3.1995, S. 242

Nach dem hessischen Rahmenplan stellen sich für den Fremdsprachenunterricht zwei zentrale Aufgaben als Teil des Bildungsauftrags der Grundschule:

1. Die Begegnung mit fremden Sprachen ab Klasse 1 im Sinne der Anbahnung einer frühzeitigen Aufgeschlossenheit und Toleranz gegenüber anderen Kulturen und Sprachen und der Entwicklung von Interesse am Erlernen von Fremdsprachen insgesamt (Sensibilisierung für andere Sprachen und andere Kulturen)

2. Die Einführung in eine fremde Sprache ab Klasse 3
   Zielsetzung, Inhalte, Methoden und unterrichtliche Gestaltung des Fremdsprachenunterrichts ab Klasse 3 orientieren sich an dem langjährig praktizierten und bewährten Konzept, wie es in den Schulversuchen erprobt wurde. Dieses Konzept zeichnet sich im Wesentlichen durch folgende Merkmale aus:
   - keine Vorverlegung des lehrplanmäßigen Fremdsprachenunterrichts der Sekundarstufe in die Grundschule
   - grundschulgemäßes Lernen durch spielerisches (nicht verspieltes) Handeln
   - Grundlegung einer positiven Lernhaltung für eine lebenslang motivierte Einstellung gegenüber dem Fremdsprachenlernen
   - Sensibilisierung für die Gemeinsamkeiten und Unterschiede von Sprachen
   - Vorrang der Fertigkeitsbereiche Hörverstehen, Sprechen – stützende Funktion von Lesen und Schreiben
   - Anerkennung eigenständiger pädagogischer Ziele eines grundschulgemäßen fremdsprachlichen Unterrichts
   - Anbahnung und behutsame Erweiterung der Verstehens- und Mitteilungskompetenz im Sinne einer kommunikativen Progression anstelle einer grammatikalischen Progression im Mittelpunkt des Fremdsprachenlernens

Eine zentrale Frage stellt der Übergang in die Sekundarstufe dar. Der Wunsch einer am Kind orientierten Weiterführung des Fremdsprachenunterrichts der Grundschule setzt ein hohes Maß an Koordination und Kooperation zwischen den Schulen und in den regionalen Verbänden voraus.

Die überwiegende Zahl der Lehrkräfte, die Fremdsprachen in den Grundschulen unterrichten, sind sprachlich sowie grundschuldidaktisch dafür qualifiziert. Ein Großteil der Lehrkräfte, die Englisch oder Französisch nicht als Wahlfach oder Didaktikfach an der Universität studierten, erwerben die erforderlichen Kompetenzen durch Fort- oder Weiterbildung. Als fachkompetente Begleiter stehen den Grundschulen Fachberater zur Unterstützung der Konsolidierung und Ausweitung des Fremdsprachenunterrichts zur Verfügung. In enger Abstimmung mit dem Staatlichen Schulamt beraten sie die Schulen und tragen zugleich in regionalen Veranstaltungen zur Fortbildung der Lehrkräfte bei.

Generell ist festzustellen, dass der Fremdsprachenunterricht in der Grundschule bei den Lehrkräften der Grundschule, bei den Schülerinnen und Schülern sowie bei deren Eltern auf hohe Akzeptanz stößt. Mit den rechtlichen Rahmenvorgaben wurden in Hessen die Voraussetzungen für ein bald flächendeckendes frühes Fremdsprachenlernen an Grundschulen geschaffen. Bei steigender Tendenz nahmen von den hessischen Grundschülern der Jahrgänge 3 und 4 im Schuljahr 1999/ 2000 schon 61,2 % am Englischunterricht und 3,4 % am Französischunterricht teil (Hessisches Kultusministerium 2000, 19–20).

Zunehmend wird der Wunsch geäußert, die Lerndisposition der Grundschulkinder noch stärker zu nutzen, indem bereits ab Schuleintritt mit dem grundschulgemäßen Erlernen einer Fremdsprache begonnen wird.

4   Wie fügt sich der Schulversuch „Englisch ab Klasse 1" in den beschriebenen Kontext ein?

Im Frühjahr 1994 trat die Schulleitung der Freiherr-vom-Stein-Schule in Gladenbach (Europaschule, Kooperative Gesamtschule von Klasse 1 bis 13, Englisch ab Klasse 3, bilingualer Zweig Deutsch/Englisch ab Klasse 7) zusammen mit einigen motivierten fachkundigen Lehrkräften mit einem Antrag für einen Schulversuch „Englisch ab Klasse 1" an das Hessische Kultusministerium heran. Mit dem Schulversuch sollten Erfahrungen mit Fremdsprachenunterricht ab der Klasse 1 gesammelt und möglichst Antworten auf die Frage gefunden werden, ob hier neue sinnvolle und umsetzbare bildungspolitische Konzepte im Sinne der im Weißbuch der Europäischen Kommission vorgezeichneten Aktionslinien sichtbar würden und die große Lernfähigkeit von Kindern dieses Alters genutzt werden kann. Die Intention des Schulversuchs entsprach dem in Europa als dringend notwendig erkannten Trend zur Vorverlegung des Fremdsprachenunterrichts sowie den dazu ergangenen Empfehlungen der Europäischen Kommission.

Im Rahmen des Schulversuchs sollten insbesondere Ergebnisse zu folgenden Bereichen erarbeitet werden:
- Erkenntnisse im Bereich des Frühbeginns des Fremdsprachenlernens – didaktisch-methodische Konsequenzen für die Organisation des Unterrichts im Verlauf der Grundschule und die Entwicklung von Lehr- und Lernmaterial
- Einbindung des Schulversuchs in das Gesamtkonzept der Europaschule

- Gestaltung des Übergangs von der Grundschule in die weiterführende Schule – Konsequenzen für die Fortführung
- Auswirkungen des Beginns mit „Englisch ab Klasse 1" auf die fachlichen Anforderungen an Lehrkräfte in Klasse 3 und 4
- Qualifizierung der Lehrkräfte durch Fort- und Weiterbildung wie durch enge Kooperation von Fach- und Klassenlehrerinnen und -lehrern
- Erkenntnisse für die Lehrerfort- und -ausbildung bei eventuell flächendeckender Einführung von „Englisch ab Klasse 1" und frühem Fremdsprachenunterricht allgemein

Nach zahlreichen Diskussionen und Abklärungsprozessen im Kollegium im Vorfeld erschien die Gesamtschule Gladenbach aus Sicht des Hessischen Kultusministeriums aus folgenden Gründen für den Schulversuch als besonders geeignet:
- langjährige Erfahrungen mit dem Angebot Englisch in der Grundschule ab Klasse 3
- konzeptionelle Integration des Angebots in das Curriculum der Schule und positive Bewertung durch Kollegium, Schülerinnen und Schüler sowie Eltern
- Gewährleistung curricularer und personeller Kontinuität durch die Organisation als Gesamtschule von Klasse 1 bis 13
- hohes Innovationsniveau als fremdsprachenorientierte Europaschule
- enge Kontakte von Schule und Schulleitung zu den Landeseinrichtungen für Schulentwicklung und Lehrerfortbildung

Zum Schuljahr 1994/95 wurde der Schulversuch „Englisch ab Klasse 1" genehmigt. Mit der wissenschaftlichen Begleitung wurde das Deutsche Institut für Internationale Pädagogische Forschung (DIPF) beauftragt (s. Beitrag von Christoph Kodron). Die Schule und die wissenschaftliche Begleitung legten jährlich einen Entwicklungsbericht vor.

Über den Englischunterricht von zwei Wochenstunden in den Klassen 3 und 4 hinaus, der an der Schule seit langem eingeführt war, erhielten die Kinder im Rahmen des Schulversuchs in der ersten und zweiten Jahrgangsstufe zusätzlich zur Stundentafel je eine Wochenstunde Englisch. Berücksichtigt wurden dabei anerkannte Grundsätze des Frühfremdsprachenunterrichts wie das Prinzip des ganzheitlichen und des spielerischen Lernens, die Prinzipien der Mündlichkeit, der Einsprachigkeit, der methodischen Vielfalt und des Einbezugs fächerübergreifender Aspekte.

Zum Ende des Schuljahres 1999/2000 hatte der erste am Schulversuch beteiligte Jahrgang die Grundschule und die Förderstufe durchlaufen. Die Universität Gießen führte zu diesem Zeitpunkt ergänzend zu den Entwicklungsberichten Lernstandserhebungen durch (s. Beitrag von Michael K. Legutke). Für die Einführung neuer Inhalte sowie zur

15

Lautschulung erwies sich das Modell gegenüber anderen Formen als überlegen. Der videodokumentierte mündliche Teil der Sprachstandsmessung durch die Universität Gießen zeigte beispielsweise, dass es kaum auffällige Aussprachefehler gab, wie sie teilweise in der Sekundarstufe auftreten, wenn Kinder dieses Alters erstmals mit einer Fremdsprache konfrontiert werden. Insgesamt zeigte der Schulversuch, dass „Englisch ab Klasse 1" ergebnisorientiert entsprechend dem Prinzip der Mündlichkeit zu unterrichten ist, was sich mit anderen inländischen und ausländischen Erfahrungen deckt.

Der Verlauf des Schulversuchs offenbarte aber auch, dass in Schulen nicht an einer Stelle etwas verändert werden kann, ohne dass es Auswirkungen auf andere Bereiche der Schule oder in der Region hat:

– Wenn Kinder der umliegenden Grundschulen ab der 5. Klasse die Freiherr-vom-Stein-Schule in Gladenbach besuchen sollten, trafen sie dort auf Schülerinnen und Schüler, die bereits in Klasse 1 mit dem Englischunterricht begonnen hatten. Die betroffenen Schulen wünschten sich deshalb eine Einbindung in den Schulversuch, um ihren Schülerinnen und Schülern die gleiche Lernausgangslage in Englisch zu gewährleisten.
– Der Übergang von Klasse 4 nach 5 zeigte sich in zweierlei Hinsicht problematisch: Wenn Kinder mit sehr unterschiedlichem Vorwissen aufeinander treffen, gilt es für die aufnehmende Schule, eine für alle Beteiligten adäquate Lösung zu finden.
– Wenn Kinder, wie dies in Gladenbach der Fall war, bereits im Grundschulalter über ein hohes Sprachvermögen verfügen, stehen die Lehrkräfte vor der Notwendigkeit einer angemessenen Qualifizierung.
– Wenn nicht genügend qualifizierte Klassenlehrerinnen und -lehrer zur Verfügung stehen, hat dies eine Ausweitung des Fachlehrersystems zur Folge, die in der Grundschule immer wieder Anlass zu Diskussionen gibt.

Mit Ablauf von sechs Jahren wurde mit dem Schuljahr 1999/2000 der Schulversuch in Gladenbach beendet. Der Schule wurde die Möglichkeit eröffnet, „Englisch ab Klasse 1" als Regelangebot weiterzuführen. Ferner wurden die drei Grundschulen, deren Schülerinnen und Schüler als weiterführende Schule die Gesamtschule Gladenbach besuchen, in dieses Konzept mit einbezogen, sodass eine gleiche Lernausgangslage in Klasse 5 gesichert werden kann.

5 Erkenntnisse zu Rahmenbedingungen für den Fremdsprachenunterricht

In dem hier beschriebenen Schulversuch wurden die Entwicklungen sehr sorgfältig unter bestimmten Fragestellungen beobachtet und die Erkenntnisse auf ihre Übertragbarkeit und auf Konsequenzen für den Prozess und die Organisation des Fremdsprachenlernens insgesamt ausgewertet. Der Schulversuch ist nicht repräsentativ, aber richtungsweisend und hat seinen Beitrag dazu geleistet, dass notwendige Rahmenbedingungen heute klarer zu erkennen sind. Seine Ergebnisse sowie Erkenntnisse aus anderen Schulversuchen zeigen, dass zum Erfolg frühen Fremdsprachenlernens, sei es ab Klasse 1 oder 3, Voraussetzungen und Rahmenbedingungen geschaffen werden müssen, die im Folgenden in einer Grafik (siehe S. 18) dargestellt und näher beschrieben werden (vgl. Lortz 2001).

5.1 Administrative Rahmenvorgaben

Nach der grundsätzlichen bildungspolitischen Entscheidung der Bundesländer für Fremdsprachenunterricht in der Grundschule erfordert seine Implementierung bzw. Konsolidierung im Wesentlichen folgende administrative Rahmenvorgaben:
- rechtliche Verankerung im Fächerkanon der Grundschule
- Bereitstellung von Ressourcen, bezogen auf zeitliche Vorgaben in der Stundentafel und die Zuweisung qualifizierter Lehrkräfte
- Einbindung von Fremdsprachenlernen in das Grundschulcurriculum und die Entwicklung von Lehrplänen, Handreichungen usw.
- stärkere Institutionalisierung der Fortführung in der weiterführenden Schule, z. B. durch entsprechende Berücksichtigung in den Lehrplänen der Klasse 5 und der Abstimmung von Inhalten und Arbeitsweisen
- Bereitstellung von Mitteln für eine Fort- und Weiterbildungsoffensive zur Qualifizierung von Lehrkräften für das Fremdsprachenlernen in der Grundschule
- wissenschaftliche Begleitung und Evaluation

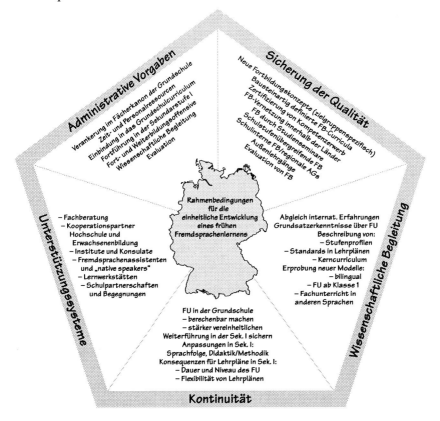

5.2 Sicherung der Qualität

Besondere Anstrengungen und Angebote erfordert die Sicherung der Qualität des Fremdsprachenunterrichts in der Grundschule durch die Qualifizierung der Lehrkräfte. Lehrerbildung und -fortbildung schaffen die Grundlagen für die Installierung dieses neuen Faches. Die Ausbildung kann erst mittel- und langfristig den Bedarf an Fachkräften decken. Gegenwärtig muss jedoch besonderes Augenmerk auf die Fortbildung der Lehrkräfte gerichtet werden. Fremdsprachenlehrkräfte aller Schulstufen sind die Zielgruppe für unterrichtsbegleitende Fortbildung und nachqualifizierende Weiterbildung. Die Bandbreite der Fortbildungsklientel reicht hier von der seit Jahren fachfremd unterrichtenden Lehrkraft über die nachzuqualifizierende Fremdsprachenlehrkraft aus dem Sekundarschulbereich ohne grundschulpädagogische Ausbildung bis hin zur Gruppe der Fachberaterinnen und Fachberater und des Fortbildungspersonals.

18

Für eine professionelle Fortbildung zur Qualitätssicherung des Faches scheinen deshalb flexible Ansätze sinnvoll zu sein:

- langfristige Fortbildungskonzepte, die neu gedacht werden müssen, Unterrichtspraxis begleiten, zu höherer Sprachkompetenz führen und sich an erwachsenenpädagogischen Erkenntnissen ausrichten
- Fortbildungskonzepte, die für die unterschiedlichen Zielgruppen differenzierte Fortbildungs- und Weiterbildungscurricula bereitstellen, die bausteinartig definiert sein können
- Fortbildungskonzepte, die den sprachpraktischen, fachdidaktischen und grundschuldidaktischen Bereich abdecken
- Fortbildungskonzepte, die eine Zertifizierung von Kompetenzerwerb beinhalten
- Konzepte, die eine flexible Verzahnung von Fort- und Weiterbildungsmaßnahmen sowie von Aus- und Fortbildung verfolgen
- schulinterne Lehrerfortbildung
- regionale Arbeitsgruppen
- schulstufenübergreifende Angebote
- Außenlehrgänge im Land der Zielsprache
- Vernetzung von Fort- und Weiterbildungsangeboten innerhalb der Länder
- Fortbildung, die ihre Ergebnisse evaluiert

5.3 Bildung von Unterstützungssystemen

Ein modernes Schulsystem sollte alle Möglichkeiten im Umfeld ausschöpfen, um die Qualität seines Lernangebots zu erhöhen. Überregional, regional und in der Einzelschule dient der Aufbau von Unterstützungssystemen und die Nutzung außerschulischer Kompetenzen der Qualitätsentwicklung und -sicherung des Fremdsprachenunterrichts an den Grundschulen. Dabei wäre es auch denkbar, bisher ungewohnte Wege und Möglichkeiten zu beschreiben, z. B. Bildung außerschulischer Anbieter „einzukaufen". Das Zusammenspiel verschiedener Kooperationspartner kann durch Synergieeffekte die Qualität des Fremdsprachenbereichs an den Grundschulen verbessern:

- institutionalisierte Fachberatung als gezieltes Unterstützungssystem
- Zusammenarbeit mit Kooperationspartnern aus dem Bereich der Hochschulen und der Erwachsenenbildung (z. B. Volkshochschulen)
- Nutzung der Unterstützungsmöglichkeiten wie Konsulate und deren Institute (z. B. Institut Français)
- Einsatz von Fremdsprachenassistenten und anderen *native speakers*
- Aufbau und Ausstattung von regionalen Lernwerkstätten mit beispielhaftem Lehr- und Lernmaterial
- Begegnungen auf Lehrer- und Schülerebene (Schulpartnerschaften, Lehreraustausch, Schüleraustausch)

5.4 Wissenschaftliche Begleitung

Auch bewährte didaktische Prinzipien und Elemente des Fremdsprachenunterrichts an Grundschulen sind regelmäßig auf Angemessenheit und Effektivität hin zu überprüfen. Bildungspolitiker muss es bei der gegenwärtigen Installation eines Fremdsprachenangebots an Grundschulen interessieren, ob die eingesetzten Ressourcen in einer angemessenen Relation zum „Gewinn" stehen. Wissenschaftlich fundierte Untersuchungen könnten folgende Themenfelder in den Blick nehmen und Erkenntnisse darüber vermitteln:
- Abgleich internationaler Erfahrungen
- klarere Grundsatzerkenntnisse über zu beachtende Entwicklungsstadien und den günstigsten Zeitpunkt für einen Beginn von Fremdsprachenlernen
- Beschreibung von Stufenprofilen nach wissenschaftlichen Erkenntnissen (Was kann in der Grundschule geleistet werden und wie?)
- Beschreibung von Standards in Lehrplänen
- Vorschläge für ein Kerncurriculum für Fremdsprachen in der Grundschule
- Erprobung neuer Modelle (z. B. Lernen in zwei Sprachen)
- Sachfachunterricht in anderen Sprachen (Fremdsprache als Unterrichtssprache)

5.5 Kontinuität

Der Wert des Fremdsprachenunterrichts in der Grundschule steht und fällt mit der Akzeptanz und angemessenen Weiterführung im Sekundarbereich. Erworbenes darf nicht verschüttet, sondern muss genutzt werden. Es stellt sich die Frage, was mittel- oder langfristig in der Didaktik und Methodik der weiterführenden Schule zu ändern ist, wenn Kinder frühzeitig intensiven Kontakt mit Fremdsprachen hatten. Ausgehend von der Realität eines flächendeckenden Frühfremdsprachenunterrichts in der Grundschule, kann die Entwicklung eines durchgängigen Konzeptes für alle Schulstufen mit didaktisch-methodischen und inhaltlichen Aussagen und mit Kriterien zur Evaluation eine effektive Weiterführung gewährleisten. Interessant sind dabei auch die neuen Erfordernisse des Arbeitsmarktes nach Mehrsprachigkeit mit unterschiedlich gewichteten Kompetenzen in verschiedenen Sprachen.

Für die Sicherstellung der Kontinuität im Sinne eines Gesamtsprachenlernkonzepts können beispielsweise folgende Prämissen gelten:
- Der Fremdsprachenunterricht in der Grundschule muss berechenbarer werden.
- Die Weiterführung in der Sekundarstufe ist sicherzustellen.

- Konsequenzen für die Sprachfolge und die Didaktik und Methodik der weiterführenden Schule sind zu ziehen.
- Anpassung der Fremdsprachenlehrpläne der Sekundarstufe unter neuen Fragestellungen:
  - Welche Dauer des Fremdsprachenlernens ist heute sinnvoll?
  - Welches Niveau soll erreicht werden (Verstehen/Sprechen/Grammatik/usw.)?
  - Wie flexibel sollen/können Lehrpläne sein?

6 Fazit und offene Fragen

Der Gladenbacher Schulversuch hat verdeutlicht, dass es unter besonderen Bedingungen sehr wohl sinnvoll und machbar ist, bereits in Klasse 1 mit dem Fremdsprachenunterricht zu beginnen. Er hat gezeigt, dass gegenüber einem Beginn in Klasse 3 ein deutlicher Gewinn in der Sprachkompetenz der Kinder erreicht werden kann.

Dennoch zeichnen sich drei Bereiche ab, die bei einer flächendeckenden Realisierung sorgfältig überdacht werden müssten und, zumindest zum derzeitigen Zeitpunkt, als neuralgische Punkte bezeichnet werden müssen:

a) Der Fremdsprachenunterricht muss integraler Bestandteil des Curriculums der Schule sein.
b) Die Qualifizierung der Lehrkräfte ist sicherzustellen.
c) Die Frage der Weiterführung in der Sekundarstufe erfordert organisatorische und inhaltliche Veränderungen.

Punkt a) dürfte von den Schulen leistbar und relativ kurzfristig erreichbar sein. Die Frage der Qualifizierung beginnt bereits in der Lehrerausbildung, hier sollten richtungsweisende Akzente gesetzt werden, die Sprachkompetenz und fachdidaktische Grundlagen schaffen. Dies ist wohl eher als längerfristige Maßnahme einzuordnen, sodass zunächst einmal tragfähige Fort- und Weiterbildungsmaßnahmen gefragt sind. Die Sicherung der Weiterführung stellt ohne Zweifel das größte Problem dar. Hier gilt es, in der Sekundarstufe vor allem die Blickrichtung zu ändern, nämlich nicht allein zu schauen, wo der Fremdsprachenunterricht hinführt bzw. welche Kriterien zum Abschluss gefordert werden, sondern gleichermaßen zu berücksichtigen, über welche Erfahrungen und Fähigkeiten die Kinder bei Eintritt in die Sekundarstufe bereits verfügen, die es aufzugreifen und auszubauen gilt. Entscheidend und für den Erfolg ausschlaggebend ist in jedem Fall eine behutsame, aber kontinuierliche Prozessentwicklung innerhalb der Region.

Das Fremdsprachenlernen an Grundschulen darf nicht zum didaktischen und organisatorischen Experiment werden. Hier ist eine breite

Zusammenarbeit zwischen den Ländern, zwischen den Schulstufen und zwischen Theorie und Praxis gefordert mit dem Ziel der Zusammenführung gewonnener Erkenntnisse als Fundament für ein durchgehendes Gesamtsprachenlernkonzept im Bildungswesen.

Englisch ab Klasse 1 zum Nachmachen

Siegfried Seyler

Neben den sprachlichen Ergebnissen belegt der Schulversuch „Englisch ab Klasse 1" einmal mehr, dass erfolgreiche Schulentwicklung in erheblichem Maße von gelungener Personalentwicklung, Lehrerkooperation und – soweit mehrere Schulen oder Schulstufen beteiligt sind – Zusammenarbeit im Schulverbund abhängig ist. Hinzu kommt die Akzeptanz bei Schülern und Eltern. Dass dem als glücklicher Umstand die Entwicklung der Schule als Europaschule seit 1992 hinzukam, muss allein schon deshalb vermerkt werden, weil Fragen der Profilbildung über Fremdsprachen und der Organisationsentwicklung in den Horizont aller Beteiligten rückten, sodass sich Europaschulentwicklung und Schulversuch wechselseitig befruchten konnten (siehe Info-Kasten „Europaschule"). Trotz dieser günstigen Ausgangslage kann behauptet werden, dass die Ergebnisse des Schulversuchs übertragbar sind. Im Folgenden wird daher der Schulversuch unter den Aspekten Schulentwicklung, Profilbildung und Übertragbarkeit beschrieben und diskutiert.

1 Organisationsrahmen und Personalentwicklung

1.1 Motive und Intentionen des Schulversuchs

Aus der Fachliteratur ließen sich hervorragende Argumente für den Versuch ableiten: Die Dispositionen der Kinder zum frühen Fremdsprachenlernen, die Erziehung zur Mehrsprachigkeit, interkulturelles Lernen, die Profilbildung an der Europaschule und der besondere Stellenwert des Fremdsprachenlernens (siehe Beitrag von Wiltrud Lortz).

Auch auf der Seite der Praxis gab es gute Argumente: Die Schule hatte 25 Jahre Erfahrung mit Frühenglisch ab dem 3. Schuljahr, Lehrer konnten Erfahrungen an Wiener Grundschulen sammeln, die schon seit geraumer Zeit Englisch ab Klasse 1 eingeführt hatten, einige Englischlehrer mit Grundschullehramt standen der Schule zur Verfügung. Schließlich sprach die Offenheit bei Lehrern, Eltern, Schulaufsicht und Ministerium für einen solchen Versuch.

Demgegenüber war eine Reihe von Risiken, Widerständen und Schwierigkeiten bereits zu erkennen: Zunächst musste mit der Befürchtung des Kollegiums umgegangen werden, dass die Integration eines solchen Vorhabens zu Mehrbelastungen führen würde, obwohl für die besondere Förderung des Schulversuchs zusätzlich 16 Lehrerwochenstunden im 1. und 2. Schuljahr zur Verfügung gestellt wurden.

Da gab es die Befürchtung bei Lehrern allgemein, dass Deutsch und Mathematik u. a. durch den Schulversuch zu kurz kämen, etwa dass der frühe Fremdsprachenerwerb zu schädlichen Interferenzen beim Erwerb der Muttersprache führen könnte; mehrere Lehrer verwiesen auf vorhandene Defizite bei unseren Schülern in den genannten Schlüsselfächern.

Schließlich war da die sehr ernste Frage der Weiterführung des Schulversuchs ab dem 5. Schuljahr an einer kooperativen Gesamtschule, zu der mehrere Grundschulen im Umfeld ihre Schüler entsenden. Was würde dann aus dem Schulversuch, welche organisatorischen und pädagogischen Probleme ergeben sich aus dem Nebeneinander von Englischlernern ab dem 1. Schuljahr und ab dem 3. Schuljahr? In der Tat lag darin das gewichtigste Gegenargument, sollte der Grundschulversuch nicht zum *L'art pour l'art* geraten, ohne Folgen für den Fremdsprachenunterricht in der Mittelstufe.

Die Koordinatorin, einige engagierte Grundschullehrer und die Schulleitung setzten damals trotz dieses erkennbaren Risikos auf eine Durchführung, da insbesondere die betroffenen Eltern den Schulversuch schon bald begeistert begrüßten. Wir setzten darauf auch in der Hoffnung, die Frage der Ausbreitung von Frühenglisch ab dem 1. Schuljahr im Einzugsbereich der großen Schule bald lösen zu können. So kam es nach den Voten der Schulgremien zu diesem Schulversuch, der lehrerseits zunächst mehr Skeptiker als Anhänger hatte.

1.2 Widerstände und Erfolge im Grundschulkollegium

Die Unterrichtsorganisation (siehe Info-Kasten „Organisationsrahmen") trug zum Anfangserfolg des Schulversuchs erheblich bei. Die enge Kopplung von Klassenlehrern (ohne weitere Vorbildung in Englisch) und Fachlehrern in der zusätzlich erteilten Englischstunde im 1. und 2. Schuljahr in den ersten Jahren des Schulversuchs und der Einsatz primär von Fachlehrern im zweistündigen Englischunterricht im 3. und 4. Schuljahr waren Schlüssel zum Erfolg des Unternehmens.

Vorteil Nr. 1:

Das gesamte Kollegium der Grundschule (mit Ausnahme einzelner Fachlehrer) wurde über die Mitarbeit und zunehmend selbstständige

Arbeit der Klassenlehrer von Anfang an eingebunden. Diese Organisationsform schuf die Voraussetzung für eine zunehmende Akzeptanz und Unterstützung des zunächst skeptisch beäugten Versuchs.

Vorteil Nr. 2:

Für die Klassenlehrer entstand zwar die Notwendigkeit der Einarbeitung und Koordination mit den Fachlehrern sowie der sprachlichen Fortbildung – was nicht ohne Konflikte abging –, aber sie erhielten dabei erhebliche Unterstützung von den Fachlehrern und der Koordinatorin des Schulversuchs. Dies trug dazu bei, Widerstände abzubauen und Ängste zu besänftigen. Einige Klassenlehrer nahmen die Herausforderung mit großem Elan an, andere brauchten längere Hilfen, eine Kollegin schied auch aus dem Kollegium aus, weil sie nicht bereit war, die Koordinations- und Fortbildungsverpflichtungen zu übernehmen.

Vorteil Nr. 3:

Die Gruppe der engagierten Fachlehrer hatte zwar in den ersten Jahren erhebliche Vorbereitungs- und Koordinationsarbeit zu leisten – auch ein Curriculum war ja zu entwickeln –, aber die wachsende Akzeptanz des Versuchs und seine beginnende Ausstrahlung auf andere Unterrichtsfächer, auf Projektwochen und Schulveranstaltungen, aber auch auf benachbarte Grundschulen, die – angeregt durch Hospitationen oder Fortbildungsveranstaltungen – ihrerseits begannen mit einem Frühbeginn ab dem 1. Schuljahr zu experimentieren oder zu liebäugeln, zeigten an, dass sich ihr Engagement zu lohnen anfing. Zu dieser positiven Entwicklung trug die außerordentliche Energie und Arbeitsleistung der Koordinatorin bei.

Vorteil Nr. 4:

Der Einsatz entweder der fremdsprachlich vorgebildeten und interessierten Klassenlehrer oder der von Grundschullehrern mit dem Ausbildungsfach Englisch im zweistündigen Unterricht des 3. und 4. Schuljahres war Ergebnis längerer schulinterner Diskussion. Dabei gab es zunächst die grundsätzliche Überlegung seitens des Ministeriums und auch der Schulleitung, dass die mittlerweile fortgebildeten Klassenlehrer in der Kontinuität auch das 3. und 4. Schuljahr unterrichten sollten.

In zweierlei Richtung trug der erzielte Kompromiss zum Erfolg des Versuchs bei:
a) Die Ängste von Klassenlehrern, die sich zwar im 1. und 2. Schuljahr die Mitarbeit zutrauten, aber vor den wachsenden Ansprüchen des 3. und 4. Schuljahres zurückschreckten, wurden berücksichtigt. Damit wurde nach 2 Jahren Schulversuch die allseitige Akzeptanz erreicht.

b) Der Englischunterricht in seiner Progression erforderte nun den Fachlehrer oder aber den durch Weiterbildung bzw. Ausbildung sprachkompetenten Klassenlehrer. Mangelnde Sprachkompetenz der Lehrer hätte zu negativen Konsequenzen im Fremdsprachenerwerb der Schüler führen können und erscheint auch unter dem Gesichtspunkt der Weiterführung in der Sekundarstufe I kontraproduktiv (vgl. auch den Beitrag von Ulrich Andersch).

1.3 Zusammenarbeit im Schulverbund und mit der Sekundarstufe I

Die Ausgangsbedingungen eines in der Region einmaligen Schulversuchs erforderten bereits parallel zur Phase der inhaltlichen Entwicklung während der ersten Jahre den Blick auf seine Weiterführung in der Sekundarstufe I, zumal die beiden Übergangsjahrgänge 5 und 6 der Förderstufe noch zum Versuchsrahmen gehörten. Sollten die Erfolge der Grundschule dauerhaft Wirkung entfalten, so mussten die Probleme der Zusammenführung von Schülern aus unterschiedlichen Grundschulen und der inhaltlichen Weiterführung in der Mittelstufe gelöst werden. Eine wahrlich nicht leichte Aufgabe, u. a. auch deshalb, weil das Ministerium erst einmal Erfolge sehen wollte, bevor es grünes Licht für eine begrenzte Ausweitung des Schulversuchs geben würde.

Der Gladenbacher Versuch hat von Anfang an auf die Nachbarschulen ausgestrahlt, weil er von Schülern wie Eltern begeistert aufgenommen wurde. Als Folge entstand der Wunsch dieser Schulen in den Versuch einbezogen zu werden. Eine schnelle Realisierung gestaltete sich nicht zuletzt deshalb als schwierig, weil zunächst die personalen Voraussetzungen an den Nachbarschulen geschaffen werden mussten.

Seit 1995 kam es bei Tagungen des Schulverbunds der Grundschulen mit der Europaschule zu einem Informationsaustausch, der sich zu einer regen Kooperation entwickelte, die u. a. auch Hospitationen an der Europaschule und Fortbildungsveranstaltungen mit der Koordinatorin des Schulversuchs umfasste. In einigen Grundschulen erprobten Lehrer „Englisch ab Klasse 1" – auch ohne Schulversuchsbedingungen – und beantragten die Aufnahme in den Schulversuch seit Ende 1995. Je näher der Übergang der ersten „Versuchsschüler" in die Klasse 5 rückte, desto stärker konzentrierte sich die Zusammenarbeit im Schulverbund auf die Festlegung eines Minimalkatalogs von Fähigkeiten und Fertigkeiten, die ein Schüler nach 2 bzw. nach 4 Jahren Grundschulenglisch in die Sekundarstufe einbringt. Denn es zeichnete sich ab – wie konnte es auch anders sein –, dass es wenig sinnvoll war, Schüler mit Englisch seit dem 1. Schuljahr und solche mit Englisch seit dem 3. Schuljahr in einer Lerngruppe des 5. Schuljahres zu vereinen. Der Übergang wurde zusätzlich durch die Organisationsform der Förderstufe erschwert, da an der Europaschule die Schüler nach dem 1. Halb-jahr des 5. Schuljahres auf drei verschiedene Leistungsniveaus in Eng-lisch aufgeteilt werden.

Hier setzte eine Arbeitsgruppe, bestehend aus Grundschul- und Sekundarstufenlehrern der Europaschule, 1997 an, ein Jahr vor dem Übergang organisatorische und inhaltliche Festlegungen zu treffen. Für die Englischlehrer der Sekundarstufe stellte sich diese Aufgabe nicht nur theoretisch. Über Hospitationen, Gespräche und schulinterne Fort-bildungen verschafften sie sich Einblick in die Arbeitsweisen und Standards der Grundschule. Gemeinsam mit Fachlehrern der Grund-schule – und darin liegt ein Strukturvorteil der Freiherr-vom-Stein-Schule – setzten sie getroffene Festlegungen bei Lehrbuch, Methoden usw. koordiniert in der Förderstufe um. Demgegenüber bleibt das orga-nisatorische Konzept in den Jahrgängen 5 und 6 noch unbefriedigend. Gladenbacher Schüler werden nicht mit Schülern der Verbundschulen vermischt. Dadurch sollte gewährleistet werden, dass die Entwicklung der fremdsprachlichen Kompetenz der Frühlerner, die mit Klasse 1 begonnen haben, weiterhin beobachtet und die Motivation aufrecht-erhalten werden konnte. In der Praxis ist diese Einteilung von Gruppen-größen und Personaleinsatz nur in den A- und B-Kursen (Gymnasial- und Realschulniveau) durchzuhalten.

Sowohl für die Entwicklung des Schulprofils, das u. a. bilinguale Züge im Gymnasial- und Realschulzweig ab Klasse 7 und die euro-päische Dimension im Schulcurriculum vorsieht, als auch für die Ent-wicklung eines zukunftsweisenden Fremdsprachenkonzepts, das sich die Begabungsreserven des frühen Fremdsprachenlernens zunutze macht und Bilingualität, mehr Sprachenkompetenz und Mehrsprachen-kompetenz im Bereich der Sekundarstufe greifbar werden lässt, war die im Schuljahr 2000/2001 erfolgte Ausdehnung des Schulversuchs auf die benachbarten Grundschulen zwingend erforderlich. Vergleichbare und erweiterte Fremdsprachenleistungen am Ende der Grundschulzeit sind eine wichtige Voraussetzung für das Gesamtkonzept der weiter-führenden Schule, die ihre Schülerinnen über die Grundschule hinaus „europatauglich" machen will.

1.4   Personalentwicklung

Mehr noch als durch organisatorische Rahmenbedingungen wird Schul-entwicklung von den Qualifikationen der Lehrkräfte bestimmt. Das Kernstück der Schulentwicklung ist daher die Personalentwicklung, die den Entwicklungsprozess begleiten muss. (In den seltensten Fällen dürften die Qualifikationsbedingungen vorab erfüllt sein.) Darin liegt auch beim Versuch „Englisch ab Klasse 1" das eigentliche Geheimnis des Erfolgs. Zwar konnten nicht alle Klassenlehrer der Grundschule für

27

den Unterricht *nach* dem 2. Schuljahr qualifiziert und gewonnen werden. Die durchgängige Qualifizierung für das 1. und 2. Schuljahr aber und die Kompetenz und Bereitschaft, den Englischanfangsunterricht mit anderen Fächern und Lernbereichen zu vernetzen, z. B. der Mathematik, dem Sachunterricht und den musischen Fächern, ist jedoch vortrefflich gelungen.

Die Ausgangslage:

In den Jahren 1994–2000 nahmen insgesamt 20 Lehrkräfte am Schulversuch teil:
– 6 Grundschullehrerinnen mit Fachausbildung Englisch
– 2 Grundschullehrerinnen mit Fachausbildung Französisch
– 1 Lehrer, der über ausgezeichnete Englischkenntnisse verfügt
– 10 Lehrer ohne Vorbildung und mit sehr unterschiedlichen Fremdsprachenkenntnissen

Lehrkräfte ohne Fachausbildung konnten sich in den ersten beiden Jahren durch Doppelbesetzung einarbeiten und erhielten darüber hinaus Fortbildungen und Hilfe unterschiedlichster Art. Diese reichten von methodisch-didaktischen Anleitungen und Koordinierungsgesprächen bis hin zur regelmäßigen *happy hour*, einem Angebot zur Konversation mit einem *native speaker*.
    Die begleitende Fortbildung und Schulung des Kollegiums fand in dem folgenden Rahmen statt:
– Koordinierungsgespräche: In regelmäßig stattfindenden Koordinierungsgesprächen in den Jahrgangsstufen werden die Inhalte der für den Unterricht relevanten Themenkreise und ihre sprachdidaktische Umsetzung gemeinsam erörtert.
– Weiterbildung im Rahmen von Fortbildungsveranstaltungen des regionalen Instituts für Lehrerfortbildung (acht Veranstaltungen im Schuljahr)
– *happy hours* mit einem *native speaker*
– Lehrgänge erlebter Sprache und Landeskunde in England; insgesamt sechs Lehrkräfte nahmen daran teil
– Teilnahme an Fortbildungsveranstaltungen und Hospitationen an Wiener Grundschulen; zwölf Kolleginnen und Kollegen nahmen daran teil
– Workshops mit Frau Prof. Dr. M. Felberbauer, Wien, unter dem Thema *Foreign language across the curriculum*
– Zwei internationale Fremdsprachentagungen über frühes Fremdsprachenlernen an Grundschulen in Europa mit Vertretern von fünf Schulen des europäischen Auslands in Gladenbach

- Drei Arbeitstreffen mit Prof. Dr. Michael Legutke, Gießen, zum Thema der Sprachstandsmessung
- Informationsveranstaltung für Eltern und Lehrkräfte „Vier Jahre Schulversuch" mit Edith Jacobs, Christoph Kodron, Michael Legutke

Darüber hinaus baute die Koordinatorin eine schulinterne Mediothek mit Materialien für die Grundschule und Förderstufe auf: Kinder- und Sachbücher, Hörkassetten, Videofilme, Lektüren, Bildmaterial. Diese Mediothek war für das Kollegium außerordentlich hilfreich.

Bei der Vielfältigkeit schulinterner und -externer Fortbildung, einschließlich der Gespräche und Diskussionen mit den wissenschaftlichen Begleitern, kommt dem internationalen Erfahrungs- und Vergleichsfeld ein besonderer Stellenwert zu. Nicht zu unterschätzen ist der Einfluss der „Wiener Schule", denn hier erhielten die Lehrer Anschauungsunterricht, der in Deutschland nicht zu bekommen war. Zwar ging das Wiener Modell von Englisch als Element der Grundschulerziehung in unterschiedlichen Fächern konzeptionell andere Wege, zwar sind auch die Qualifikationen der Wiener Lehrer andere, aber die Möglichkeit des Erfahrungsaustauschs ist bis heute eine Quelle für die eigene Weiterentwicklung der Gladenbacher Lehrer geworden. Wie wichtig internationale Vergleiche für den Erfolg unseres Schulversuchs waren, zeigte sich auch auf zwei internationalen Tagungen über Frühenglisch ab dem 1. Schuljahr in Gladenbach, an denen Vertreterinnen aus Russland, der tschechischen Republik, Italien und Österreich teilnahmen. Die Auseinandersetzung mit ganz unterschiedlichen Ansätzen war für das Gladenbacher Grundschulkollegium sehr motivierend. Diese Treffen haben noch an einer anderen Stelle Früchte getragen: So entstanden aus ihnen u. a. Anknüpfungspunkte für Klassenkorrespondenzen im 3. und 4. Schuljahr, die dem sprachlichen und interkulturellen Brückenschlag der Europaschüler dienen (vgl. Beitrag von Karin Drese).

2 Profilbildung an der Europaschule

2.1 Lernen für Europa und interkulturelle Begegnungen

Englisch und wahlweise Französisch ab dem 3. Schuljahr (seit 1989) sind Elemente eines europaorientierten Curriculums in der Grundschule und – fortgesetzt – in der Sekundarstufe, die Schüler schon früh damit vertraut machen, über die Grenzen zu schauen und über die Sprache hinaus europäische kulturelle Traditionen kennen zu lernen. Dabei kommt der englischen Sprache als „lingua franca" immer dann eine besondere kommunikative Funktion zu, wenn Europaschüler mit italienischen, tschechischen, finnischen oder russischen Schülern gleichen Alters korrespondieren und sich über Land, Leute und Gewohnheiten austauschen. Diese Korrespondenzen sind nicht nur ein ungeheurer didaktisch-methodischer Gewinn für den Englischunterricht ab dem 3. Schuljahr, sie legen auch den Grundstein für Schüleraustausch, internationale Begegnungen, Betriebspraktika, Studienfahrten und Sprachkurse im Ausland, die zum Profil der Europaschule in der Sekundarstufe gehören. Wer die Brückenfunktion des Englischen schon früh aus eigener Erfahrung kennen gelernt hat, wird später auch leichter mit Menschen und Ländern Kontakt aufnehmen, deren Sprache er (noch) nicht versteht. Diese Öffnung dem kulturell Anderen gegenüber ist ein wichtiges Ziel der Europaschule und soll natürlich auch im Nahraum, dem multikulturell zusammengesetzten Klassenzimmer, erprobt und praktiziert werden. Denn 16 % der Schülerpopulation der Schule stammt aus anderen Kulturen.

Gerade im Frühenglischunterricht lassen sich Erfolge zudem bei Ausländerkindern nachweisen, die für sie selbst wichtig sind und zu ihrer Anerkennung im Klassenverband beitragen.

Im Zuge des frühen Fremdsprachenunterrichts und der internationalen Korrespondenz in englischer Sprache haben sich erste Begegnungsformen der direkten Art entwickelt, die – abgesehen von vereinzeltem Heimweh – zu einer Steigerung der Motivation im Unterricht der Europaschule geführt haben. Angefangen hat es bei tageweisen Begegnungen mit Schülern der amerikanischen Grundschule in Gießen. Vor 5 Jahren hat dann auf Initiative der Grundschule in Montreux/ Frankreich ein deutsch-französischer Schüleraustausch im 4. bzw. 5. Schuljahr stattgefunden. Im Schuljahr 2000/01 ergab sich, ebenfalls auf Initiative einer ausländischen Schule, eine Begegnung von Schülern der Klasse 5 mit Grundschülern aus Sizilien. Arbeitssprache: Englisch.

2.2 Bilingualität, Mehrsprachigkeit und ein Ende des Hamburger Abkommens?

Die Ziele der Bilingualität und der Mehrsprachigkeit sind ehrgeizig genug, wenn man darunter versteht, dass unsere Schüler über Englisch als Zweitsprache und zugleich über weitere europäische Fremdsprachen in der Alltagskommunikation selbstverständlich verfügen sowie darüber hinaus sich in einzelnen Sachfächern angemessen auf Englisch ausdrücken sollen. In der Praxis werden diese Ziele nicht vollständig für einen Altersjahrgang zu realisieren sein, sondern nur für mehr oder weniger große Teile der Schülerpopulation. Dennoch sind sie sämtlich in das Profil der Gesamtschule eingeflossen.

Parallel mit dem Beginn des Schulversuchs 1994 wurden bilinguale Klassen im Gymnasialzweig eingerichtet, in denen die Fächer Geschichte, Sozialkunde und Erdkunde im Wechsel auf Englisch unterrichtet werden. Auf der gymnasialen Oberstufe ist es ein Grundkurs in Gemeinschaftskunde, der neben dem Leistungskurs Englisch den bilingualen Zug charakterisiert. Im Schuljahr 2000/01 wird der erste „bilinguale Teiljahrgang" mit dem Abitur und dieser Zusatzqualifikation die Schule verlassen. Ein äußerst erfolgreiches Unternehmen, wie die Schüleranmeldezahlen im 7. Schuljahr belegen, die im Übrigen bis zum 10. Schuljahr praktisch konstant bleiben, obwohl die Schüler jederzeit den bilingualen Zug verlassen können. Erst in der gymnasialen Oberstufe zeigte sich ein Rückgang der Schülerzahlen, bewirkt vor allem durch eine größere Differenzierung der Leistungsschwerpunkte bei den Schülern. In den ersten Jahren wählte ein Drittel der Gymnasialschüler im 7. Schuljahr bilingual, mit Schwankungen in den Jahrgängen hat sich der Anteil bis zur Hälfte der Gymnasialschüler erhöht. Interessant dabei ist, dass im Schuljahr 2000/ 01 zwei bilinguale Klassen im 7. Jahrgang mit 43 von insgesamt 92 Schülern eingerichtet wurden. In diesem Jahr sind erstmals Schüler aus dem Schulversuch „Englisch ab Klasse 1" ins 7. Schuljahr gewechselt. Die These kann daher gewagt werden, dass Frühenglisch in dem Wahlpflichtangebot des bilingualen Zuges eine gestärkte Fortsetzung erfährt. Dies gilt mit einigen Abstrichen auch für den Realschulzweig, der seit 1999 nach einem zweijährigen Vorlauf in der Förderstufe die Fächer Sozialkunde und Arbeitslehre auf Englisch zur Wahl anbietet.

Eine zweite Fortsetzung findet der Schulversuch in einem auf vier Jahre angelegten Versuch „Englisch von 7 bis 10", der die Erfolge des Grundschulversuchs, den Zugewinn an kommunikativer Kompetenz, auch in der Mittelstufe erweitern will. Die angestrebten Ziele der Qualitätsverbesserung eines „europatauglichen" Fremdsprachenunterrichts werden auch Auswirkungen auf den Unterricht der anderen modernen Fremdsprachen Französisch, Spanisch, Italienisch und Russisch haben. Dass auch die anderen Sprachen von den Veränderungen erfasst werden, hängt nicht zuletzt mit der Entscheidung der Englischlehrkräfte zusammen, das europäische Portfolio für Sprachen in der Sekundarstufe I zu erproben. Eine solche Erprobung und Einführung macht aber nur Sinn, wenn sich auch die anderen Fremdsprachen möglichst rasch dem qualitätsverändernden Prozess anschließen. Die schulinternen Weichen für die Teilnahme aller Fremdsprachen am Sprachenportfolio ab dem Schuljahr 2001/02 sind bereits gestellt.

Das Beispiel zeigt, dass der Grundschulversuch in Verbindung mit der Entwicklung der Europaschule als Katalysator für die Qualitätsentwicklung der modernen Fremdsprachen überhaupt zu wirken beginnt.

Richtig spannend könnte es werden, wenn sich im Laufe des Mittelstufenversuchs die Hypothese bestätigen sollte, dass der Zugewinn an mündlicher und schriftlicher Kompetenz bei den Schülern nach dem 8. Schuljahr im Vergleich zu den Jahren davor nachlässt, sodass am Ende die Frage Gestalt annimmt, ob nicht unter bestimmten Voraussetzungen ein 8- bis 9-jähriger Durchgang unter sprachlichen Gesichtspunkten für den Ersterwerb der englischen Sprache völlig ausreicht. Zu den Voraussetzungen könnte dann auch die Frage gehören, ob nicht 4 Wochenstunden Englischunterricht ab dem 3. Schuljahr, nach dem spielerischen Beginn im 1. und 2. Schuljahr, und weiteren 3 Wochenstunden im 7. und 8. Jahrgang unter den im Versuch veränderten Inhalten und Zielen zur Verkürzung des Durchgangs beitragen können.

Die wenigen Hinweise und Überlegungen mögen Anhaltspunkte dafür liefern, dass Englisch für alle Schüler, einschließlich der Hauptschüler, am Ende des Veränderungsprozesses nicht im Widerspruch zum Ziel der europäischen Mehrsprachigkeit stehen muss, zumindest für Gymnasialschüler und teilweise auch für Realschüler nicht. Mit dem frühen Erwerb von Englisch als erster Fremdsprache, verstärkt durch bilinguale Angebote in der Mittelstufe, wird gleichzeitig Zeit gewonnen für 2. und 3. Fremdsprachen. Das schließt ja nicht aus, dass englische Literatur u. Ä. im Wahlpflichtunterricht der oberen Mittelstufe und der gymnasialen Oberstufe weiterhin ihren Platz behalten kann. Aber es öffnet für einen Teil der Schülerschaft stärker als bisher die Möglichkeit, weitere Fremdsprachen zu erwerben. Allmählich kommt damit die Zeit für eine weitergehende Revision des Hamburger Abkommens, das die Fremdsprachenfolgen an deutschen Schulen regelt. Mit Blick auf die Ergebnisse und Perspektiven der Gladenbacher Versuche, mit Blick auch auf Erfahrungen europäischer Nachbarn, müsste es doch gelingen, den Fremdsprachenunterricht in Deutschland in den nächsten 5 bis 10 Jahren auf einen europäischen Standard zu bringen!

3   Übertragbarkeit?

Angesichts der Ankündigung Baden-Württembergs, in einem Drittel der Grundschulen des Landes ab 2001 Englisch vom 1. Schuljahr an zu erproben und ab dem Schuljahr 2004/2005 verbindlich einzusetzen, erscheint die Antwort müßig zu sein. Trotz dieses mutigen Schritts in einem Bundesland wird die Entwicklung insgesamt in Deutschland langsamer verlaufen. Dies zeigt nicht nur der Gladenbacher Versuch.

Darüber hinaus müssen besondere Anstrengungen unternommen werden, die Einstellung von Sekundarstufenlehrern und mancher ihrer

Berufsverbände zu verändern, die vielfach noch den Fremdsprachen-unterricht in der Grundschule für entbehrlich halten.

Dennoch gehen von der Europaschule Gladenbach übertragbare Ergebnisse aus, vor allem deshalb, weil in den Bundesländern nicht so rasch mit flächendeckenden Lösungen zu rechnen sein wird. Auf lokaler oder regionaler Ebene mögen unsere Erfahrungen den Ansporn zum Nachmachen liefern. Dies gilt für die erfolgreiche Weiterquali-fizierung von Grundschul- und (im Ansatz) Sekundarstufenlehrern ebenso wie für die Zusammenarbeit in Schulverbünden zwischen Grundschulen und weiterführenden Schulen. Zu den vielleicht wich-tigsten Lehren aus dem Versuch zählt, dass diese Zusammenarbeit und die Bereitschaft zur Veränderung auf beiden Seiten der Schulstufen die Basis für den Erfolg sind. Deshalb sollten Schulbehörden überall dort, wo dieser Wille erkennbar wird, lokale oder regionale Inseln für Früh-englisch bilden, die längerfristig die Einführung von Englisch ab Klasse 1 überall in Deutschland herbeiführen.

Info-Kasten „Europaschule"

Aus: Hessisches Kultusministerium 1999, Schule in Hessen von A bis Z.
Das Hessische Kultusministerium hat 23 Europaschulen eingerichtet. Diese Schulen arbeiten eng mit Partnerschulen und Organisationen im europäischen Ausland zusammen. Sie sollen ihre Schülerinnen und Schüler auf das zusammenwachsende Europa in besonderer Weise vorbereiten und ihnen die Möglichkeit bieten, in der Sekundarstufe I und II bis zu einem Jahr im Ausland zu verbringen, sowie den Austausch von Lehrerinnen und Lehrern intensivieren.

Der Austausch und die Zusammenarbeit mit den Partnerschulen sowie Institutionen und Organisationen im europäischen Ausland folgt drei Prinzipien:
– Sie sollen projekt- oder themenbezogen sein.
– Sie sollen multilateral sein.
– Sie sollen das etablierte Dreieck Frankreich – Großbritannien – Deutschland überschreiten und auch andere Länder Europas einbeziehen, insbesondere die Länder Mittel- und Osteuropas.

Das Programm der Europaschulen umfasst die folgenden Bereiche:
1. Europäische Dimensionen und interkulturelles Lernen: Die Schulen erarbeiten hierzu ein schulisches Curriculum für alle Fächer und Jahrgangsstufen, das die politischen, geographischen und geschichtlichen Gegebenheiten und besonderen Sichtweisen der Länder der Partnerschulen wie auch der Herkunftsländer der ausländischen Schülerinnen und Schüler sowie die Austauschprogramme einbezieht.

   Das Sprachenlernen nimmt an den Europaschulen einen besonderen Stellenwert ein. Modelle bilingualen Lernens, besondere Sprachenfolgen, vorgezogener Fremdsprachenbeginn und besondere Formen des Fremdsprachenerwerbs werden gefördert, erprobt und einer regelmäßigen Auswertung unterzogen, um die Ergebnisse allen hessischen Schulen zur Verfügung stellen zu können.

   Neben den selbst organisierten Austausch- und Partnerprogrammen arbeiten die Europaschulen regelmäßig in den EU-Programmen SOCRATES, COMENIUS und LINGUA mit.
2. Selbstständiges Lernen und Methodenlernen: Die Schulen bilden Jahrgangsteams und richten ihren Unterricht nach Methoden der Kooperation, Projektorientierung und des selbstständigen Lernens aus. Damit bereiten sie ihre Schülerinnen und Schüler auf die Freizügigkeit und kulturelle Vielfalt innerhalb Europas vor.

   Dabei arbeiten sie mit Institutionen, Betrieben und Vereinen in der Gemeinde zur Umsetzung ihrer Unterrichts- und Zusatzangebote zusammen.
3. Innere Organisation und Evaluation: Die Schulen richten zur Umsetzung ihrer inhaltlichen und organisatorischen Entwicklung Planungs- und Steuerungsgruppen ein, in denen die Bereiche des Europaschulprogramms wie auch die beteiligten Gruppen (Lehrer, Schüler, Eltern, außerschulische Kooperationspartner) vertreten sind. Die Europaschulen evaluieren ihre Weiterentwicklung laufend und schreiben in jährlichen Aktionsplänen sowie der Überarbeitung des Schulprogramms ihre Arbeit fort.
4. Budgetierung und Controlling: Die Europaschulen erhalten zur Durchführung ihrer Aufgaben Haushaltsmittel und verwalten diese selbstständig. Hierbei gehen sie nach einem Controlling-Verfahren vor, das die zielkonforme und transparente Mittelverwendung gewährleistet.

   Die Europaschulen kooperieren durch gemeinsame Tagungen und eine gemeinsame Publikation untereinander und stellen ihre Arbeitsergebnisse anderen Schulen durch Publikationen und Fortbildungsangebote zur Verfügung.

Info-Kasten „Organisationsrahmen des Schulversuchs im 1./2. Schuljahr"

Betr.: Schulversuch „Englisch ab 1. Schuljahr"
Hier: Verpflichtung der Klassen- und Fachlehrer
1. Doppelbesetzung
Eine Doppelbesetzung Fachlehrer und Klassenlehrer findet einstündig im 1. und 2. Schuljahr statt. Nach einer Phase der Hospitation und der Unterrichtsversuche, in der mit den Fachlehrern gekoppelten „Stunde" beginnen die Klassenlehrer damit, auch im Unterricht anderer Fächer kurze Sequenzen auf Englisch einzuplanen.
2. Hospitation/Koordination/Fortbildung
Die Klassenlehrer hospitieren in den ersten Wochen des 1. Halbjahres im Englischunterricht der Fachlehrer und arbeiten danach in Doppelbesetzung mit den Fachlehrern zusammen.
Die Klassenlehrer nehmen an der wöchentlichen Konversation und Koordination und je 6 Fortbildungsveranstaltungen (in der Regel nachmittags) pro Halbjahr teil. Sie erhalten ferner weitere Fortbildungsmöglichkeiten, z. B. auch in England oder Irland.

1994/95

1. Schulj., 1. Hj.	1. Schulj., 2. Hj.
3 x 1 KL	3 x 1 KL
3 x 1 FL	3 x 1 FL
1 x 3 KO	1 x 3 KO
9 Std.	9 Std.

1995/96

2. Schulj., 1 Hj.	2. Schulj., 2. Hj.
3 x 1 KL	3 x 1 KL
3 x 1 FL	3 x 1 FL
+	+

1 Schulj., 1. Hj.	1. Schulj., 1. Hj.
4 x 1 KL	4 x 1 KL
4 x 1 FL	4 x 1 FL
+	+
1 x 3 KO	1 x 3 KO
17 Std.	17 Std.

Englisch ab Klasse 1 –
Tor zu einer anderen Welt

Edith Jacobs

1 Einstieg und Orientierung: Das „Gladenbacher Modell"

Für die Grundschule in Gladenbach ergibt sich das „frühe Fremdsprachenlernen" ab Klasse 1 nahezu zwangsläufig: Zum einen aus der jahrelang erfolgreichen Arbeit im Bereich des Grundschulenglisch ab der Klasse 3, die uns die notwendige didaktisch-methodische Erfahrung brachte; zum anderen aus unserer pädagogischen Zielsetzung, dem interkulturellen Lernen und der Erziehung zur Mehrsprachigkeit einen breiten Raum an unserer Schule zu geben (vgl. Jacobs 1995).

Zwar konnte das Projektteam zu Beginn des Schulversuchs auf keine vergleichbaren Erfahrungen aus anderen staatlichen Grundschulen zurückgreifen, wohl aber boten die Waldorfschulen eine wichtige Orientierung, da dort ab Klasse 1 sehr erfolgreich Fremdsprachen unterrichtet werden. Es war daher nahe liegend, eine Waldorfschule zu besuchen und ein Bild der Praxis zu gewinnen. Die konkreten Erfahrungen mit dem, was 6- und 7-jährige Kinder an fremdsprachlichen Leistungen demonstrierten, gaben dem Projekt den entscheidenden Anstoß, mit der Arbeit zu beginnen.

Zunächst galt es, Eltern und Kollegen mit guten Argumenten davon zu überzeugen, dass auch bereits jüngere Kinder alle Voraussetzungen mitbringen, eine Fremdsprache spielend zu erlernen. Auch hier halfen uns detaillierte Erfahrungsberichte aus der Waldorfpädagogik weiter.

Es folgte eine intensive Phase der Orientierung an der Grundschule, in der nicht nur einschlägige Veröffentlichungen zur fremdsprachlichen Erziehung innerhalb der Waldorfpädagogik rezipiert und erörtert wurden (Jaffke 1991; 1994; Jaffke und Maier 1997). Die Gruppe setzte sich auch intensiv mit den in Deutschland diskutierten und praktizierten Konzepten von früh beginnendem Fremdsprachenunterricht auseinander (Bebermeier 1992; Doyé 1993; Graf und Tellmann 1997; Hegele 1996; Hellwig 1995; Hessisches Kultusministerium 1995). Diese Diskussion kann hier nicht wiedergegeben werden, sie bildet jedoch den Hintergrund für das im Folgenden dargestellte „Gladenbacher Modell".

In Abwägung der Vor- und Nachteile der unterschiedlichen Modelle und unter Einbeziehung unserer besonderen schulischen Situation (die Grundschule ist Teil einer großen Gesamtschule) entschieden wir uns für die Entwicklung eines schuleigenen Konzepts, das sich stark an einem „grundschulgemäßen und ergebnisorientierten Englischunterricht" ausrichtet, aber auch positive Anregungen aus den anderen Fremdsprachenmodellen mit aufnimmt (z. B. interkulturelles Lernen durch reale Begegnungen).

In den Klassen 1 und 2 bildet der spielerische und musische Umgang mit der Fremdsprache die Grundlage des „frühen Fremdsprachenlernens". Lieder, Klatsch-, Tanz- und Bewegungsspiele, rhythmisierender Sprechgesang *(chants)* und Rollenspiele unter Einbeziehung von Handpuppen sollen ganzheitliches Lernen mit allen Sinnen ermöglichen. Das Fremdsprachenlernen soll, soweit dies sinnvoll und möglich ist, in den anderen Unterricht mit einfließen (z. B. jahreszeitliche Themen). Für die Sicherung der notwendigen Kontinuität des Lernprozesses und die Erreichung eines gleichen Lernniveaus am Ende der Klasse 2 werden aber auch Themenkreise und Redemittel festgelegt, die im Laufe der 2 Jahre verbindlich erarbeitet werden sollen.

Das Fremdsprachenlernen in den Klassen 3 und 4 vollzieht sich in einem grundschulgemäßen und ergebnisorientierten Unterricht. Dabei spielt *learning for mastery* eine wichtige Rolle, um eine fremdsprachliche Handlungsfähigkeit systematisch aufzubauen. Auch im 3. und 4. Lernjahr haben affektive, sozialerzieherische und musisch-spielerische Verfahren eine große Bedeutung.

Es wird weiterhin vorwiegend mündlich gearbeitet, d. h., die Schulung des Hörverstehens und des Sprechens stehen im Vordergrund der Fremdsprachenarbeit. Da jedoch die wichtigsten Artikulations- und Intonationsmuster in den ersten beiden Lernjahren geübt und gefestigt werden, kann nun auch die Schrift in ihrer unterstützenden Funktion beim Erwerb einer mündlichen Kommunikation und als gelenkte schriftliche Kommunikation im Rahmen von Briefpartnerschaften eingeführt werden.

Mit Beginn des Schulversuchs verständigten sich die Lehrkräfte darauf, kein Lehrwerk als Begleitung des Fremdsprachenunterrichts zu verwenden und stattdessen eine eigene schulinterne Handreichung zu entwickeln. Dies war insofern auch notwendig, da viele der bislang verwendeten Unterrichtsmaterialien und Inhalte auf die lernpsychologische Besonderheit eines Fremdsprachenunterrichts mit 6- und 7-jährigen Kindern erst zugeschnitten werden mussten. Ziel war es auch, den reichen Material- und Erfahrungsschatz der Lehrkräfte stärker als bisher mit einzubeziehen, neue Methoden auszuprobieren und der „interkulturellen Kompetenz" eine größere Gewichtung im Unterricht zu geben.

2 Ziele

Bei der Erarbeitung des Konzepts wurde großer Wert auf eine klare Zielsetzung und die verbindliche Festlegung von Themen und Inhalten sowie wichtiger Unterrichtsprinzipien gelegt. Auf diese Weise soll auch ohne kontinuierliche Arbeit mit einem Lehrwerk sichergestellt werden, dass
− die Kontinuität des Lernprozesses gewährleistet bleibt,
− die Unterrichtszeit optimal und ökonomisch genutzt wird,
− Ergebnisse und Erfahrungen verglichen werden können und
− ein Abschluss- bzw. Weiterführungsprofil erstellt werden kann
(Hellwig 1991, 192).

2.1 Fremdsprachliche Fähigkeiten

1. Schuljahr

Die Schüler sollen befähigt werden
a) einfache Äußerungen im Rahmen der erarbeiteten Inhalte und Tätigkeiten zu verstehen,
b) lautgetreu nachzusprechen und
c) einfache Redemittel aus dem Hörverstehen in den aktiven Gebrauch zu übernehmen.

2. Schuljahr

Die Schüler sollen befähigt werden
a) auch längere Äußerungen im Rahmen der erarbeiteten Inhalte und Tätigkeiten zu verstehen,
b) verschiedene Textsorten global zu verstehen,
c) Redemittel aus dem Hörverstehen in den aktiven Gebrauch zu übernehmen,
d) zunehmend lautgetreu nachzusprechen und
e) ein Gefühl für Sprachrhythmus und Intonation in der Fremdsprache zu entwickeln.

3. und 4. Schuljahr

Die Schüler sollen befähigt werden
a) altersgemäße, bildgestützte Geschichten zu verstehen,
b) sich an einfachen Gesprächen über die Familie, die Schule, das Wetter, Essen und Trinken usw. zu beteiligen,

c) Geschichten/Szenen zu spielen, dabei Gestik und Mimik sprachbegleitend einzusetzen,

d) typische Laute, Lautfolgen und Intonationsmuster mit zunehmender Korrektheit anzuwenden,

e) die Schrift im natürlichen Gebrauch zu verwenden (Brief, Grußkarte, Rezept) und

f) sich der Regelhaftigkeit von Sprache bewusst zu werden.

2.2 Interkulturelle Fähigkeiten

Die Schüler sollen befähigt werden

a) sich mit einem anderen Land und dessen Kultur vertraut zu machen,

b) Gegensätze und Gemeinsamkeiten zu erkennen,

c) das Fremde als Bereicherung zu erfahren,

d) die eigenen Sprachgrenzen zu überwinden und

e) eine aufgeschlossene Haltung gegenüber Menschen anderer Länder zu entwickeln.

3 Unterrichtsprinzipien

Die bis in das 4. Schuljahr anhaltende Begeisterung und Motivation für das Fremdsprachenlernen lässt sich u. a. darauf zurückführen, dass wir bei der Gestaltung des Fremdsprachenunterrichts an unserer Schule einen besonders großen Wert auf die Berücksichtigung folgender fachdidaktischer Prinzipien legen:

3.1 Prinzip der Ganzheitlichkeit

Das „Lernen mit allen Sinnen" ist eines der wichtigsten Unterrichtsprinzipien im Fremdsprachenunterricht der Grundschule und unabdingbare Voraussetzung für einen kindgemäßen Spracherwerb. Ganzheitliches Lernen ermöglicht neben einer intellektuell-rationalen Auseinandersetzung mit Sachverhalten intuitive, gefühlsmäßige, kreative und körperlich-sinnliche Sachbegegnungen (Handreichung zum „LolliPop-Projekt").

Besonders jüngere Kinder nehmen fremdsprachliche Informationen über die Sinne auf. Sie lernen, was sie sehen, hören, fühlen und konkret tun. Je mehr die Sinne in der Phase der Präsentation von sprachlichen Informationen miteinbezogen werden, umso besser werden diese von den Schülern aufgenommen und gespeichert. Das Prinzip der Ganzheitlichkeit gilt aber auch für das Medium „Sprache" an sich:

Sprache umfasst nicht nur Laute, Strukturen und Inhalte, sondern ist immer Bestandteil einer situationsgebundenen, interaktiven Handlung (Graf und Tellmann 1997, 77 f.).

3.2 Prinzip der Anschaulichkeit

Dem Prinzip der Anschaulichkeit kommt in einem weitgehend einsprachig geführten Fremdsprachenunterricht große Bedeutung zu. Besonders die leistungsschwächeren Schüler sind immer wieder auf visuelle Unterstützung angewiesen. Grundsätzlich gilt: Je anschaulicher unterrichtet wird (Bilder, Realgegenstände, *flashcards*), umso effektiver ist die Behaltensleistung.

Anschaulichkeit darf jedoch nicht auf die rein visuelle Wahrnehmung beschränkt bleiben. Auch der Einsatz von Tonträgern, Videos und gegebenenfalls des PC muss einen festen Platz im Fremdsprachenunterricht haben.

3.3 Prinzip der kleinen Lernschritte

Um sich in einer Sprache sicher bewegen zu können, bedarf es anfangs immer kleiner Schritte, deren Beherrschung das Selbstvertrauen wachsen lässt und Mut zum weiteren Lernen gibt. Hellwig empfiehlt neben häufiger Wiederholung in bekannten und neuen Situationen eine behutsame Dosierung des aktiv gebrauchten bzw. geforderten Sprachguts (Hellwig 1995, 84).

3.4 Prinzip der Wiederholung

Übendes Wiederholen von Sprachmitteln in bekannten und neuen Situationen ist aufgrund des vorwiegend mündlichen Unterrichts und der relativ kurzen Kontaktzeiten mit der Fremdsprache äußerst wichtig und sollte in der Regel den Hauptteil des Englischunterrichts einnehmen. Zum einen wirkt es dem Vergessen entgegen, zum anderen bahnt ein ständiges Wiederholen in neuen Sprechzusammenhängen den Transfer der erlernten kommunikativen Fähigkeiten an. Eine abwechslungsreiche und anregende Gestaltung der Wiederholungsphase ist daher für den Motivationserhalt unerlässlich. Der Lehrkraft wird ein hohes Maß an Beweglichkeit abverlangt: Sie muss den gesamten Stoff sicher beherrschen, um aus dem Repertoire die für die jeweilige Unterrichtssituation geeigneten Lieder, Reime, Spiele methodisch gekonnt abrufen zu können (vgl. Jaffke 1991, 123).

3.5 Prinzip der wechselnden Methoden

Hohe Motivation und Konzentration bei den Schülern setzt immer einen abwechslungsreichen, dynamischen Unterricht unter Einbeziehung vielfältiger Arbeitsmittel voraus. Dynamik verwirklicht sich im Unterricht hauptsächlich in der Verbindung von Sprache, Musik und Bewegung. Spiele, Bewegungslieder und Reime sind daher unerlässlich im Fremdsprachenunterricht. Sie vermitteln Erfolgserlebnisse und fördern den unbewussten und ungezwungenen Umgang mit der Fremdsprache.

3.6 Prinzip der Einsprachigkeit

Die Fremdsprache sollte von Beginn an Verständigungsmittel sein. Grundsätzlich gilt daher, dass sich der fremdsprachliche Kontakt weitgehend einsprachig vollzieht, damit die Schüler, die im Grundschulalter noch ein recht unreflektiertes Verhältnis zur Sprache haben, möglichst intensiv in ein anderes „Sprachbad" eintauchen und ein Gefühl für die Fremdsprache entwickeln können. Auf diese Weise werden auch Interferenzen mit der Muttersprache verhindert. Gompf ermutigt in ihrer Handreichung zu *Here We Go* die unterrichtenden Lehrkräfte, ihre Handlungen im Klassenraum von der ersten Stunde an mit gleichen und gleich bleibenden englischen Kommentaren zu versprachlichen (Gompf und Fromm 1993, 28). Es gibt jedoch durchaus Anlässe, das Prinzip kurzzeitig aufzuheben: bei Veranschaulichungsproblemen in der Wortschatzvermittlung, bei interkulturellen Vergleichen und bei der Einführung von komplizierten Handlungs- und Spielsituationen.

3.7 Prinzip des situativen Lernens

Ein situativ gestalteter Fremdsprachenunterricht beinhaltet immer echte, aber auch simulierte Kommunikationssituationen. Situativität schafft einen Handlungsrahmen (Rollenspiele, Dialoge), in dem Fremdsprachenlernen selbstverständlich erscheint und in dem die Schüler eine relativ natürliche Spracherfahrung erleben (vgl. Hellwig 1995, 67).

3.8 Prinzip des spielbetonten und musischen Lernens

Die Bedeutung spielerischer und musischer Aktivitäten für das „Frühe Fremdsprachenlernen" wird von Fremdsprachendidaktikern besonders hervorgehoben. Lieder, Reime, Tanz, *chants*, darstellendes Spiel und vieles mehr ermöglichen ein kindgemäßes Lernen und Anwenden der Fremdsprache. Jüngere Kinder lernen außerhalb der Schule häufig in spielerischer Nachahmung. Ähnliche Beobachtungen lassen sich auch im frühen Fremdsprachenunterricht beobachten. Viele spielerische Tätigkeiten (z. B. *Simon says*) nutzen sich trotz häufiger Wiederholung nicht ab.

Der Unterricht sollte „spielerisch", aber nicht „verspielt" sein. Mit Recht weist Doyé darauf hin, „dass im Fremdsprachenunterricht der Grundschule Phasen spielerischen Lernens immer wieder auch durch solche ergänzt werden müssen, in denen die Kinder durch gezieltes intensives Bemühen um die zu lernenden Sachen zum Erfolg kommen" (Doyé 1993, 66).

4 Organisation und Realisierung des Schulversuchs

4.1 Die Projektgruppe

Zur Unterstützung und Betreuung der fachfremd unterrichtenden Klassenlehrer wurde eine „Projektgruppe" eingerichtet, die zunächst lediglich aus zwei Personen bestand (es gab zu Beginn des Projekts nur wenige Lehrkräfte mit der notwendigen Unterrichtserfahrung). Sie setzte sich zusammen aus:
1. der Koordinatorin des Schulversuchs,
2. einer sehr erfahrenen und engagierten Grundschul-Englischlehrerin.

Aufgabe der Projektgruppe war es auch, geeignete Unterrichtsmethoden für die einzelnen Jahrgänge zu erarbeiten und zweckmäßige Unterrichtsmaterialien zu entwickeln. Die wissenschaftliche Begleitung erfolgte durch einen Mitarbeiter des Deutschen Instituts für Internationale Pädagogische Forschung (DIPF). Er beobachtete und beschrieb den Versuch von „außen", führte mehrere Befragungen bei den Eltern durch und versorgte die Koordinatorin mit aktuellen Veröffentlichungen aus dem Bereich des frühen Fremdsprachenlernens (siehe Beitrag von Christoph Kodron).

4.2 Unterrichtsorganisation

Das Stundenmaß des „frühen Fremdsprachenlernens" wird, wie bereits erwähnt (siehe Beitrag von Siegfried Seyler), in den ersten beiden Jahrgängen mit einer Wochenstunde veranschlagt, die jede Klasse zusätzlich erhält. In der Übergangsphase (1. Durchgang) wurde Englisch in enger Zusammenarbeit (Doppelbesetzung) von Fach- und Klassenlehrern erteilt. Das Fremdsprachenlernen vollzieht sich dabei fast ausnahmslos einmal in einer längeren Sequenz von 25 bis 35 Minuten sowie in mehreren Kurzsequenzen verteilt auf die Woche. Der Englischunterricht in den Klassen 3 und 4 wird wie bisher im Umfang von 2 Wochenstunden als fester Bestandteil der Stundentafel angeboten. Er wird in der Regel von einem Grundschullehrer mit Fachausbildung erteilt. Wenn es sich verwirklichen lässt und es sich anbietet, kann der Unterricht auch in kleinere Zeiteinheiten gegliedert über die Woche verteilt werden. Wir fanden übrigens keine Bestätigung der These, dass Grundschüler nicht in der Lage seien, sich eine volle Unterrichtsstunde auf die Fremdsprache zu konzentrieren. Bereits in den Klassen 1 und 2 sind die Schüler bei geschicktem Phasenwechsel durchaus in der Lage, 30 Minuten und länger motiviert und aktiv mitzuarbeiten.

Ein konzentriertes Eintauchen in die Fremdsprache gelingt immer dann, wenn die Lehrkraft eine gute fremdsprachliche Kompetenz mitbringt, über ein reichhaltiges Repertoire an Spielen, Liedern, Reimen usw. verfügt und sich in der Methodik und Didaktik des Englischunterrichts auskennt.

Erfahrungsgemäß ist ein Unterricht von 30 Minuten notwendig, um besonders für die leistungsschwächeren Schüler längere Wiederholungs- und Übungsphasen in den Unterricht mit aufzunehmen. Aber auch die zeitliche Verankerung im Stundenplan ist von großer Bedeutung für den Erfolg des frühen Fremdsprachenlernens. Auch wenn der Englischunterricht in den ersten beiden Lernjahren nicht im Stundenplan der Schüler aufgeführt wird und stattdessen in kürzeren Zeiteinheiten stattfindet, so wird trotzdem empfohlen, ihm einen festen Platz im Stundenplan zuzuweisen. Für den Erfolg des Fremdsprachenunterrichts ist es wichtig, dass das Fremdsprachenlernen möglichst immer dann stattfinden kann, wenn innerhalb des Gesamtunterrichts oder in der Abfolge einzelner Fächer ein spielerisch-musischer und bewegungsreicher Unterricht sinnvoll ist.

4.3 Lernklima

Das positive Lernklima im Englischunterricht unserer Grundschule ist einer der wesentlichen Gründe für den Erfolg des Schulversuchs.

Da die Motivation für das Erlernen einer Fremdsprache zunächst nicht aus dem Interesse an der Sprache selbst erwächst, sondern von der Freude genährt wird, die der spielerische und musische Umgang mit der fremden Sprache mit sich bringt, ist es eines unserer wichtigsten Ziele, den Unterricht inhaltlich und methodisch so zu gestalten, dass das Lernen in einer entspannten und freudvollen Atmosphäre stattfinden kann und jeder Schüler seinen individuellen Lernfortschritt selbst erleben darf.

Hellwig nennt Humor und sprachbegleitende Kreativität sowie ein langsames Vorgehen, Wiederholen und behutsames Dosieren des Sprachguts als einen der wichtigsten Faktoren für das Schaffen eines positiven Lernklimas. „Gerade spielendes Lernen braucht Zeit, eine Atmosphäre der Muße ohne Stress und viel Gelegenheit, beliebte Aktivitätsabläufe zu wiederholen" (Hellwig 1995, 84).

Ein angenehmes Lernklima, frei von Sanktionen und anderen beeinträchtigenden Konsequenzen (Leistungsdruck und Noten), wird von allen Fremdsprachendidaktikern als eine der wesentlichen Voraussetzungen für eine positive emotionale Sprachaufnahmebereitschaft gesehen. Behutsames, helfendes Korrigieren, häufiges Lob und positive Rückmeldungen erleichtern es, jegliche emotionalen Blockaden aus dem Weg zu räumen, und ermöglichen die effiziente Verarbeitung des fremdsprachlichen „Input" (Amt für Schule 1997 b, 8).

Die Einführung vieler kleiner Rituale, wie Änderung der Sitzordnung, Einstimmung auf die Fremdsprache durch bekannte Lieder, Frage-Antwortketten, *story time*, Wiederholungen bekannter Reime, spielerisches Üben der Zahlen usw. erleichtern nicht nur die Organisation des Unterrichts (Methodenwechsel/Dynamik), sondern schaffen auch den notwendigen Rahmen, in dem die Schüler allmählich vertraute Handlungsmuster entwickeln können.

4.4 Unterrichtsform

Auch wenn ein häufiger Wechsel der Sozial- und Arbeitsformen notwendig ist, um die Dynamik des Unterrichts zu erhalten und dem großen Bewegungsdrang der Kinder Rechnung zu tragen, ist der Sitzkreis als ritualisierendes Element die vorherrschende Unterrichtsform in den Klassen 1 bis 4. Er ist sowohl für die Unterrichtsorganisation als auch für die Lernatmosphäre von großer Bedeutung. Er fördert das Gemeinschaftsgefühl innerhalb der Klasse und vermittelt ein Gefühl von Sicherheit in einer entspannten Atmosphäre schon allein dadurch, dass sich alle besser hören können und gute Sprechkontakte untereinander haben. Die Kreismitte, von der alle gleich weit entfernt sitzen, ist immer auch Präsentationsfläche für Anschauungsmaterial und Darstellungen. Viele fremdsprachliche Aktivitäten (Spiel, Tanz, Sprechkette) lassen sich im Sitzkreis leichter umsetzen.

Beim Vorlesen von Bilderbüchern und bei komplizierten Lautdiskriminierungsübungen erweist sich der offene Sitzkreis (Halbkreis – einige Schüler sitzen in der Mitte auf dem Fußboden) als ideale Unterrichtsform für konzentriertes und ungestörtes mündliches Arbeiten.

5   Themen und Inhalte

Die Auswahl der Themenkreise und Inhalte erfolgt unter Berücksichtigung der unmittelbaren Erlebnis- und Erfahrungswelt der Kinder und der besonderen Interessen der Altersstufe. Der Grundwortschatz, der im Rahmen der Sprechabsichten verwendet wird, wird ebenfalls nach den Kriterien der Altersgemäßheit und des leicht Erlernbaren ausgewählt. Die Themenbereiche werden nicht nach und nach „abgearbeitet", sondern immer wieder im Laufe der Zeit neu aufgegriffen, erweitert und miteinander verknüpft. Auf diese Weise soll gewährleistet werden, dass sich jeder Schüler entsprechend seiner individuellen Fähigkeit aktiv am Unterricht beteiligen kann. Während leistungsschwächere Schüler jederzeit auf einfache Redemittel zurückgreifen können, wird den leistungsstärkeren Schülern ermöglicht, sich mit Transferleistungen einzubringen. Ziel ist es, die sprachliche Kompetenz über die Inhalte und ihre allmähliche Entfaltung Schritt für Schritt zu erweitern und zu vertiefen.

Als Grundlage und „roter Faden" dienen verschiedene Lehrwerke, insbesondere *Here We Go*, Teil 1 und 2, mit dem bislang ab Klasse 3 unterrichtet wurde, und die Materialsammlungen des „LolliPop-Projekts" aus Wien.

Der ganzheitliche Englischunterricht wird so konzipiert, dass er seine sprachlichen Ziele auf vielfältige Weise mit anderen Fächern und Lernbereichen vernetzen kann. So werden Lerninhalte aus den Bereichen Mathematik (Orientieren im Zahlenraum bis 100) und Sachunterricht (jahreszeitliche Themen, Bräuche, Uhrzeit, Körper) aufgegriffen. Der Englischunterricht integriert darüber hinaus in besonderer Weise auch Aufgaben und Ziele des ästhetischen Bereichs, z. B. Basteln von Masken, Herstellen von Bilderbüchern, Lieder und Sprechgesang sowie darstellendes Spiel (vgl. Hess. Kultusministerium 1994, 264).

Die Sprechabsichten werden im Rahmen folgender Themenbereiche realisiert:

Meeting people	*My family*
Hobbies	*Shopping*
Animals	*Weather*
Food and drink	*My home town*
My day	*London*
My school	*Festivals in GB and the USA*
Numbers and colours	*The seasons of the year*

Bei der Entscheidung für die Aufnahme bzw. Wiederaufnahme eines Themenbereichs bzw. Inhalts werden folgende Auswahlkriterien herangezogen:

a) Synthese von Sprache und Handeln, Lernen und Spielen
b) kindbezogene Handlungssituation
c) variierendes Üben
d) Spracherwerb in einem funktionalen Zusammenhang
e) dialogisches Sprechen
f) gezielte Lautschulung
g) thematisch-inhaltlich strukturierte Wortschatzarbeit
h) differenziertes Angebot an Textsorten (didaktische und authentische Texte, Dialoge, Reime, Lieder, *chants* usw.)
i) Thematisierung landeskundlicher Elemente
j) interkulturelles Lernen und Einbindung in das Europaschulkonzept
(vgl. Zydatiß 1997, 125 f.)

6 Entwicklung des Hörverständnisses und des Sprechens

Natürlicher Spracherwerb erfolgt in erster Linie mündlich. Aus diesem Grund haben die Fertigkeiten des Hörverstehens und des Sprechens eindeutig Vorrang vor dem Lesen und dem Schreiben. Neueste Forschungserkenntnisse zum Fremdsprachenerwerb betonen die Bedeutung des Aufbaus einer umfassenden rezeptiven Sprachkompetenz als wichtigste Grundlage für die Schulung der Sprechfertigkeit.

Durch eine Vielzahl verschiedener sprachlicher Eingaben (Input) versuchen wir die Hörverstehensleistungen unserer Schüler nachhaltig zu steigern.

Schwerpunkte der Rezeptionsschulung sind dabei:
– Ständige Ausweitung der *classroom phrases*
– Erzählen von Geschichten
– Vorlesen von Bilderbüchern
– Hören und Verstehen medienfixierter Sprache (Hörkassette und Videos, Multimedia-Programme für den PC)
– Spiele in Verbindung mit Handlungsanweisungen und entsprechenden Bewegungsaktivitäten
– Ratespiele *(riddles)*

Neben der Schulung des Gehörs nehmen die Pflege der Aussprache, das Erarbeiten und Üben des Wortschatzes und der Erwerb kommunikativer Redemittel innerhalb natürlicher, spielerischer und kontextueller Situationen ebenfalls eine wichtige Rolle ein.

Schwerpunkte der Sprechschulung sind:
– Lieder und Reime
– Spiele
– dialogisches Sprechen
– darstellendes Spiel
– *action stories*
– Lautschulung

Auch wenn die beiden Fertigkeitsbereiche hier getrennt aufgeführt und beschrieben werden, so findet die Entwicklung der fremdsprachlichen Kompetenz ausschließlich in der Verzahnung beider Bereiche statt.

Redemittel werden nach Möglichkeit nicht isoliert, sondern immer situativ und in partnerbezogenen Sprechhandlungen vermittelt. Bei der Auswahl des Wortschatzes und der Redemittel wird besonders darauf geachtet, dass sie leicht zu erlernen sind und sich in vielen relevanten Kommunikationssituationen in unterschiedlicher Realisierung verwenden lassen.

6.1 Der Dialog zwischen Lehrer und Schüler *(classroom phrases)*

Wir sind der Ansicht, dass ein weitgehend einsprachiger Fremdsprachenunterricht nicht nur ungemein viele Möglichkeiten des produktiven und rezeptiven Sprachgebrauchs in einer natürlichen kommunikativen Situation bietet, sondern bei konsequenter Durchführung – allein durch seinen rituellen Charakter – Schüler mehr und mehr dazu führen kann, von sich aus auf die englische Sprache zurückzugreifen *(May I go to the toilet? Sorry, my English folder is at home. Can I have your scissors, please?)*. Im Laufe des Projekts sind teilweise große Leistungsunterschiede zwischen den einzelnen Versuchsklassen zu Tage getreten. Diese Unterschiede eindeutig zu erklären ist nicht leicht. Zu vermuten ist allerdings, dass sowohl der Faktor Unterricht und die Sprachkompetenz der Lehrkräfte als auch der kenntnisreiche und konsequente Einsatz des Englischen im Klassenzimmer einen Einfluss auf die Leistungen der Lerner haben. Diese Zusammenhänge müssten in Zukunft genauer untersucht werden.

6.1.1 Handpuppe als Impulsgeber

Kinder im Alter von 6 Jahren haben in der Regel kein allgemeines oder abstraktes Interesse eine Fremdsprache zu erlernen, es sei denn, es wird für sie in ihrer unmittelbaren Umgebung ein wichtiger Anlass dazu geschaffen. Aus diesem Grund führten wir die Handpuppe *Lucy* (alternativ *Alice* und *Tom*) ein. Die Handpuppen erleichtern vielen Kindern als kindnahes Medium wechselseitig das Sprechen mit der Lehrkraft. Sie sind wichtige Impulsgeber und regen die Fantasie der Kinder an.

6.2 Geschichten und Bilderbücher

Geschichten und Bilderbücher haben einen festen Platz im Englischunterricht unserer Schule. Ihr vielseitiger Einsatz erweist sich als
äußerst gewinnbringend und motivierend. Der besondere Wert des *story
approach* liegt darin, dass die Schüler in einen größeren sprachlichen
Kontext eintauchen und von Anfang an lernen Zusammenhänge zu verstehen, obwohl viele Strukturen und Wörter noch nicht bekannt sind.
Durch den rezeptiven und produktiven Umgang mit Geschichten wird
nicht nur das Globalverstehen besonders intensiv geschult, sondern es
wird auch der Wortschatz erheblich erweitert. Satzstrukturen und Aus-
sprachemuster werden von den Schülern unbewusst aufgenommen und
verinnerlicht. Bei der Auswahl der Kinderbücher spielt nicht nur das

Anspruchsniveau eine Rolle, sondern auch die Möglichkeit der thematischen Einbindung.

Sehr beliebt sind so genannte *pop-up books*, wie z. B. *Where is Spot?*, *Maisy Goes Swimming* und *The Very Hungry Caterpillar* (siehe Info-Kasten „Kinderbücher"). Die Bücher helfen den Schülern ihre natürliche Begabung zu intuitivem Entdecken und Verstehen einzusetzen und weiterzuentwickeln.

Die Inhalte und Geschichten sind besonders ansprechend für jüngere Kinder. Sie sind voller Überraschungseffekte und enthalten viele Wiederholungen, die zum Raten animieren. Die wiederholenden Elemente können von den Schülern sehr schnell mitgesprochen werden und ermöglichen dem Lehrer viele Fragen zu stellen und kleine Rätsel aufzugeben. Manche Geschichten eignen sich auch zum Nachspielen. *Max and the Magic Word* und *The Frog Family* zum Beispiel finden bei den Schülern besonderen Zuspruch. Selbst leistungsschwächere und zurückhaltendere Schüler überwinden angesichts der sehr ansprechenden Dialoge ihre Hemmungen und übernehmen freiwillig kleinere Rollen. Sprachbegabte Schüler zeigen zum Teil außergewöhnlich gute fremdsprachliche Leistungen, indem sie entweder die Rolle des Erzählers übernehmen oder auch längere Sätze mit richtiger Betonung und entsprechender Mimik vortragen. Der anfängliche Versuch, die Geschichte *Max and the Magic Word* etwas zu vereinfachen, indem man schwierige Passagen wegließ oder umänderte, stieß auf große Proteste bei den Schülern, die dies natürlich sofort bemerkten (Verlust an Authentizität!). Es waren letztendlich die witzigen und zweideutigen Bemerkungen der Maus, die den Kindern am meisten Spaß machten (*A pint a day keeps the vet away!* oder *Pigs don't share!*).

Auch die Entwicklung einer Geschichte (z. B. *Father Christmas is Coming*) an der Tafel und im Dialog mit den Schülern schult auf sehr motivierende Art und Weise die fremdsprachlichen Fähigkeiten der Schüler. Im 4. Schuljahr können zunehmend umfangreichere Texte im Unterricht angeboten werden. Besonders beliebt sind witzige und humorvolle Geschichten, wie z. B. *Frog and Toad All Year*, *One Snowy Night* und *Piggybook*.

Das reichhaltige Sprachangebot fördert zunehmend komplexere Hörverstehensleistungen, sodass das Anspruchsniveau in manchen Klassen nach oben korrigiert werden kann.

Grundsätzlich muss festgehalten werden, dass die rezeptiven und produktiven Leistungen der Schüler immer dann besser ausfallen, wenn das Sprachangebot besonders reichhaltig gewesen ist (siehe Info-Kasten „Geschichten, Bilderbücher und Ressourcen").

6.3 Lieder und Reime

Lieder und Reime haben für Grundschüler einen hohen Motivationswert. Gemeinsames Singen bzw. rhythmisches Sprechen bewirken ein positives gemeinsames Erlebnis. Die individuelle Sprechzeit wird durch die Gruppenaktivität deutlich vergrößert. Langsam lernende Schüler werden beim gemeinsamen Sprechen im Chor und beim Singen mitgetragen. Das Beherrschen vieler Lieder und Reime vermittelt den Schülern Erfolgserlebnisse und motiviert zu weiteren sprachlichen Leistungen. Durch die Verbindung von Sprache und Körperbewegung bleiben Reime und Lieder besonders lange im Gedächtnis haften und sind somit ein ideales Mittel zur Aneignung und Übung grundlegender Sprachmittel (Prochatzka und Schimek 1998, 18).

Bei der Unterrichtsgestaltung der Klassen 1 bis 3 spielen auch Bewegungslieder und Fingerreime eine wichtige Rolle. Durch sie wird der Unterricht nicht nur abwechslungsreicher, sondern es werden auch eine Reihe von verbalen und nonverbalen Handlungen mobilisiert: darstellendes Spiel, Pantomime, Basteln und Malen. Besonders beliebt sind Lieder, bei denen die Kinder in eine andere Rolle schlüpfen können, sich verkleiden oder eine Maske aufsetzen dürfen.

Old MacDonald

6.4 Spiele

Spiele im Fremdsprachenunterricht sind nie Selbstzweck. Sie haben soziale, motivationale und kognitive Ziele und bahnen auf kindgemäße Weise die Auseinandersetzung mit der fremden Sprache an. In der Spielsituation erleben die Schüler von der ersten Stunde an, dass die Fremdsprache „funktioniert".

Die meisten Handreichungen moderner Unterrichtswerke (für die Klassen 3 und 4) bieten eine Fülle von Anregungen, die sich zum Teil ohne große Probleme auf die Klassen 1 und 2 übertragen lassen.

6.4.1 Lernspiele

Lernspiele haben einfache Regeln, sie sind spontan einsetzbar und erfordern wenig Vorbereitung. Mit ihrer Hilfe werden sprachliche Redemittel, losgelöst aus ihrem ursprünglichen Kontext, gezielt geübt und wiederholt. Besonders beliebt sind Spiele, bei denen die Schüler „etwas" in die Hand bekommen (Bildkarte, Stofftier), vorausgesetzt, sie haben richtig geraten oder eine sprachliche Struktur richtig angewandt.

Alle Spiele werden im Sitzkreis gespielt.

1. *Have you got the blue teddy bear?*

Der Lehrer oder ein Schüler hält Karten mit Bildern von verschiedenfarbigen Teddybären verdeckt in der Hand. Derjenige, der zuerst die Farbe des Teddybären errät, erhält die Karte.
(Sprachliche Struktur: *Have you got ...? – Yes, I have. / – No, I haven't.*)

2. *Where is Jack?*

Jack ist Lucys Hund. Auf der Karte befindet er sich entweder auf, unter, vor, in oder hinter einer Kiste. Der Lehrer oder ein Schüler hält die Karten verdeckt in der Hand. Ein Schüler vermutet, wo Jack ist und erhält die Karte, wenn er richtig geraten hat.
(Sprachliche Struktur: *Is Jack on the box? – Yes, he is. / – No, he isn't.*)

3. *What colour is number 3?*

Farbige Zahlenkarten liegen mit der Ziffer nach unten auf dem Fußboden. Lehrer oder Schüler fragt: *What colour is number 3?* Derjenige, der die Farbe errät *(Number 3 is red.)*, erhält die entsprechende Karte.

Where is Jack?

4. *Interview cards*

Ein Schüler schlüpft mit Hilfe einer so genannten „Interview-Karte" in die Rolle einer fiktiven Person. Auf der Karte sind Angaben gemacht über Name, Alter, Wohnort usw. Die anderen Schüler „interviewen" ihn.

(Sprachliche Strukturen: *What's your name? How old are you? Where are you from? Have you got sisters and brothers? Have you got a pet?*)

5. *Can you hop like a rabbit?*

In Anlehnung an das gleichnamige Gedicht werden die Schüler mit Hilfe eines selbst gebastelten Würfels, auf dem Tiere abgebildet sind, aufgefordert bestimmte Bewegungen vorzumachen.

Ein Schüler würfelt. Liegt das Bild des Froschs oben, fragt der Schüler: *Can you jump like a frog?* Ein anderer Schüler antwortet: *Yes, I can* und führt die Bewegung aus.

(Sprachliche Struktur: *Can you ... like a ...? – Yes, I can. / – No, I can't.*)

6. *What's the time?*

Domino-Spiel

Auf den Domino-Karten ist eine Uhrzeit abgebildet und eine andere schriftlich fixiert. Ein Schüler liest „seine Zeit" vor und legt die Karte in den Kreis.

Derjenige, der diese Uhrzeit auf seiner Karte abgebildet sieht, darf nunmehr seine Karte anlegen und „seine Zeit" vorlesen.

6.4.2 Typische Kreisspiele

1. *1, 2, 3 – Peter come to me!* (Mein rechter, rechter Platz ist frei!)
2. *I'm sitting in the green, green grass.*

Ein Stuhl im Kreis bleibt frei. Der Schüler, dessen rechter Nachbarstuhl frei ist, beginnt mit dem ersten Teil des Satzes *(I'm sitting ...)* und rückt weiter auf den leeren Stuhl, der nächste Schüler spricht den zweiten Teil des Satzes *(... in the green, green grass ...)* und rückt ebenfalls weiter, der nächste Schüler spricht den dritten Teil des Satzes *(... and I want ...)* und rückt ebenfalls weiter. Der letzte Schüler klopft auf den freien Stuhl und spricht den letzten Teil des Satzes *(... Tom next to me!)*. Der Schüler Tom rennt zu dem freien Stuhl, während seine ehemaligen Stuhlnachbarn versuchen so schnell wie möglich den frei gewordenen Stuhl zu besetzen. Derjenige, dem es gelungen ist, beginnt wieder mit dem ersten Teil des Satzes *(I'm sitting ...)*.

3. *Blind man's buff* (Blinde Kuh)

Zwei Schüler stehen im Kreis, einer von ihnen mit verbundenen Augen. Er soll den anderen fangen. Er ruft: *Where are you?* Der andere Schüler antwortet: *I'm here!* und versucht dem anderen zu entkommen.

Eine zweite Version: Ein Schüler sitzt im Kreis mit verbundenen Augen. Ein anderer Schüler berührt die Hände des „Blinden". Dieser fragt: *Are you Maxi?* Antwort des anderen mit verstellter Stimme: *Yes!/No!*

6.4.3 Bewährte Spiele, die die Konzentration schulen und wieder Ruhe in den Unterricht bringen

1. *What number is missing?*

Der Lehrer zählt bis 10 (oder innerhalb eines anderen begrenzten Zahlenraums) und lässt dabei eine Zahl aus. Die Schüler müssen die fehlende Zahl erraten (Übung und Festigung eines bestimmten Zahlenraums).

2. *What's missing?*

Der Lehrer legt Bilderkarten auf den Fußboden, bittet die Schüler die Augen zu schließen und nimmt dann eine Karte weg. Schüler erraten den fehlenden Gegenstand (Übung und Festigung eines bestimmten Wortschatzes).

6.5   Darstellendes Spiel

6.5.1 Die Reproduktion von Dialogen in Alltagssituationen

In vielen Lehrwerken findet man verschiedene Angebote simulierter Kommunikation als Vorbereitung auf die Bewältigung realer Alltagssituationen. Nach jahrelanger Arbeit mit verschiedenen Materialien unterschiedlicher Lehrwerke können wir dieser Form der Sprachanwendung immer weniger Positives abgewinnen. Trotz des Einsatzes unterschiedlicher Requisiten und Realgegenstände wirken die Dialoge doch oft sehr künstlich und steif. Die Schüler sind im Vergleich zu anderen fremdsprachlichen Aktivitäten nur mäßig zu motivieren. Wir fragen uns zunehmend, ob es wirklich sinnvoll ist, den Schülern beizubringen, wie man in englischer Sprache telefoniert oder Geburtstag feiert. Bei der Auswahl der Themen und Inhalte beschränken wir uns deswegen auf wenige alltagsgebundene Rollenspiele: Der *shopping dialogue* wird z. B. in konzentrischen Kreisen vom *pet shop* (2. Schuljahr) bis hin zur *boutique* im (4. Schuljahr) sprachlich erweitert. Nach wie vor beliebt sind auch Themen wie z. B. *Asking the way* und Interviews jeglicher Art.

6.5.2 Darstellung von Märchen, Geschichten und anderen Textsorten

Sehr viel ansprechender und motivierender ist die fremdsprachliche Darstellung von „Geschichten" aller Art. Im Umgang mit „dem Fantastischen" kann beobachtet werden, dass die Schüler nicht nur sehr viel ungezwungener und freier von der Fremdsprache Gebrauch machen, sondern sich auch mit vielen kreativen Ideen einbringen (siehe *story approach*). Besonders die schüchternen und ängstlichen Schüler überwinden ihre Hemmungen viel leichter, wenn sie in eine völlig fremde Rolle schlüpfen können.

Darstellen von Märchen

6.5.3 *Action stories (total physical response – TPR)*

Mit der Methode des *TPR* und den *action stories* kann in ganz besonderer Weise den unterschiedlichen Lernweisen und Bedürfnissen der Kinder Rechnung getragen werden. Sowohl schüchterne Schüler, die es zunächst vorziehen, lediglich die gewünschten Bewegungen zu machen, als auch die expressiven Lerner, die spontan Sprachmittel übernehmen und anwenden, nutzen bei dieser Methode die Möglichkeit, sich aktiv am Unterrichtsgeschehen zu beteiligen. Die *action stories* erweisen sich als starke Motivationsträger. Die Sprechmittel werden durch die ganzheitliche Darbietung besonders gut im Gedächtnis verankert (vgl. Gerngroß und Puchta 1996, 6).

6.6 Lautschulung

Obwohl Schüler dieser Altersstufe eine gute Imitationsfähigkeit besitzen, legen wir einen großen Wert auf Übungen zur Schulung des Gehörs und zur Pflege der Aussprache. Genaues Hören und Nachsprechen finden in einer entspannten Atmosphäre statt, Fehler werden behutsam korrigiert, gelegentlich auch einmal „durchgelassen". Bei der Lautschulung sollen die Prinzipien des variierenden Übens und die Betonung des Musischen (Reime, Lieder) besonders zum Tragen kommen.
Folgende Übungsformen bieten sich an:

6.6.1 Chorisches Sprechen

Aussprache und Intonation lassen sich durch das „Chorsprechen" besonders gut schulen. Sprechscheue und gehemmte Schüler werden von der Gemeinschaft mitgetragen und können dadurch ihr Selbstvertrauen entfalten. Jaffke betont: „Durch kein anderes Mittel kommt man so rasch und sicher zur Sprechgeläufigkeit, zum weiträumigen ganzheitlichen Auffassen und Nachgestalten, zur Einprägung der Satzbauformen und Satzfolgen." Damit die Schüler kein falsches Gefühl bekommen von dem, was sie einzeln tatsächlich können, rät er, nach dem Chorsprechen rasch zu Einzelleistungen aufzurufen. Dies verhindere auch eine gewisse „Lässigkeit" im Umgang mit der Sprache (vgl. Jaffke 1997, 35).

6.6.2 Rhythmisches Sprechen *(jazz chants)*

Wörter oder ganze Wortgruppen oder Sätze werden rhythmisch hervorgehoben oder mit akustischen Signalen (z. B. Klatschen) verbunden. Diese sprachliche Aktivität spricht die Schüler sehr an, besonders wenn sie in Kleingruppen geschieht. Ein beliebter *jazz chant* aus dem 2. Schuljahr (leicht verkürzt) ist folgender:

Books, books – count the books!
1, 2, 3, 4, 5 blue books!

Chairs, chairs – count the chairs!
1, 2, 3, 4, 5 brown chairs!

How many books? – 5 books!

How many chairs? – 5 chairs!
(Siehe Info-Kasten „Lieder".)

Der *chant* wurde in Rollenverteilung von 2 Gruppen gesprochen und durch Bilder visuell unterstützt.

6.6.3 Reime

Das Kind erobert sich die Klangwelt seiner Muttersprache über Lieder und Reime. Auch für den Fremdsprachenerwerb haben musische Elemente einen sehr großen Wert. Schüler dieser Altersstufe haben noch die Fähigkeit „aktiv" zu lauschen und aufzunehmen. Wurde das Singen und rhythmische Sprechen von Mimik, Gestik und Motorik begleitet, kann beobachtet werden, dass die Kinder viel unbefangener reagieren und weniger Probleme mit Phonetik und Intonation haben als beim dialogischen Sprechen.

Beispiel: *Two little dicky birds*, ein beliebter Fingerreim aus dem 1. Schuljahr

Two little dicky birds are sitting on the wall.
One named Peter, one named Paul.
Fly away, Peter! Fly away, Paul!
Come back, Peter! Come back, Paul!

(Siehe Info-Kasten „Geschichte, Bilderbücher und Ressourcen".)

6.6.4 „Stummes Sprechen"

Das „stumme Sprechen" als Mittel speziell auditiver Wahrnehmungs-förderung motiviert besonders unruhige Schüler zum konzentrierten Mitmachen. Sehr beliebt ist das „stumme Sprechen" von bekannten Reimen. Die Schüler müssen durch Lippenlesen herausfinden, bei wel-chem Wort der Lehrer seinen Vortrag angehalten hat.

6.7 Multimedial unterstütztes Lernen

Bereits 1997 wurde als erste Grundschulklasse an unserer Schule ein 1. Schuljahr mit PC-Arbeitsplätzen ausgestattet. Für das frühe Fremd-sprachenlernen erwies sich der PC schon bald als attraktive und von den Kindern gern angenommene Möglichkeit, eigenständig und selbstbestimmt kleine Zusatzübungen und Aktivitäten durchzuführen. Die Kinder nutzten den PC in aller Regel in Kleingruppen, um ihr Hörverständnis und die Lautschulung zu trainieren. Auf dem Lernsoftware-Markt vorhandene Angebote konnten problemlos unterrichtsbegleitend oder den Unterricht ergänzend eingesetzt werden. So haben wir mit interaktiven Programmen, Filmen und Liedern mit Karaoke-Funktion gearbeitet sowie die Möglichkeit genutzt, die eigene Aussprache über Mikrofon und Aufnahmefunktion mit der von Muttersprachlern vergleichen zu können. Nachdem mittlerweile alle unsere Grundschulklassen über eigene Multimedia-Arbeitsplätze verfügen und ein Schulentwicklungsplan „Informationstechnologie" verabschiedet werden konnte, planen wir für die Zukunft auch verstärkt E-Mail-Kommunikation und Internet-Kontakte. Die Bereitschaft der Lehrer, auch neue Medien in den Unterricht einzubeziehen, ist nach den ersten guten Erfahrungen erheblich gewachsen. Der unbefangene Umgang der Kinder mit der Arbeit am PC (vom Erstklässler an) hat dazu ein Übriges beigetragen. Dabei war uns wichtig, dass die Kinder das multimedial unterstützte Lernen stets als Angebot erfuhren, das sie nutzen konnten, aber nicht mussten.

7   Lesen und Schreiben

Das Lesen und Schreiben wird nicht als eigenständige Fertigkeit angestrebt. Es hat vielmehr eine unterstützende Funktion beim Erwerb einer mündlichen kommunikativen Kompetenz. Damit das Lesen zu einer Freude für alle Kinder wird, soll nach dem Grundsatz vorgegangen werden: „Nichts wird auf dieser Altersstufe in der Fremdsprache gelesen, was nicht längere Zeit zuvor spielend, sprechend oder singend mit den Schülern erlebt worden ist" (Jaffke 1993, 22).

Der Umfang beider Fertigkeitsbereiche muss mit Blick auf das Leistungsvermögen der Klasse getroffen werden (vgl. Hess. Kultusministerium 1994, 266). Nicht alle Schüler haben in gleichem Maße das Bedürfnis nach „Absicherung" oder Hilfestellung durch das Schriftbild. Gerade weil es sich nicht um ein Lernziel der Fremdsprachenarbeit der Grundschule handelt, gilt es hier in besonderer Weise, den unterschiedlichen Lerndispositionen einzelner Schüler durch Binnendifferenzierung Rechnung zu tragen (vgl. Sarter 1997, 118).

Wir gehen davon aus, dass die wichtigsten Artikulations- und Intonationsmuster im Hörverstehen und Sprechen in den ersten beiden Lernjahren ausreichend geübt werden. Demnach ist es folgerichtig, ab der Klasse 3 einen behutsamen Einstieg in die Schriftsprache vorzunehmen. Da im Englischen die Aussprache und die Schrift zum Teil erheblich voneinander abweichen, werden anfangs nur Wörter mit einer besonders hohen Lauttreue gelesen.

60

Folgende Übungen finden im Unterricht der Klassen 3 und 4 statt:

Lesen:
- Zuordnungsaufgaben von Wörtern und Bildern
- „Lesen" bekannter Reime
- strukturierte Wortschatzarbeit: Bezugs- und Sachfelder, Wortfamilien, Bild-Wörterbuch
- Lesen von kleineren Texten, später auch kurzen, einfachen Lektüren (Beispiel: *Easter is Coming, Three Little Pigs (Here We Go), Billy Goats Gruff, Goldilocks and the Three Bears* usw.)

Schreiben (in kleineren Schritten):
- Beschriften von Bildern
- Worträtsel
- Abschreiben von Reimen
- Gestalten selbst hergestellter Bilderbücher
- Briefe, Grußkarten an die Partnerklasse

(Vgl. den Beitrag von Karin Drese.)

8 Differenzierung

Trotz vergleichsweise guter Lernbedingungen zeigen sich beim „frühen Fremdsprachenlernen" bereits nach kurzer Zeit erhebliche Leistungsunterschiede innerhalb einer Klasse. Die fremdsprachlichen „Stärken" und „Schwächen" der Schüler sind in den einzelnen Fertigkeitsbereichen und in der Lerngeschwindigkeit sehr unterschiedlich ausgeprägt.

Erstaunlicherweise gibt es Schüler mit einer fantastischen Aussprache, die jedoch große Probleme beim Lesen haben. Andere wiederum zeigen außergewöhnlich gute rezeptive und intuitive Fähigkeiten beim Verstehen längerer Texte, sind selbst aber kaum in der Lage, einen Satz ohne Hilfe zu produzieren. Es sollen auch nicht die Schüler unerwähnt bleiben, die nur in bestimmten Phasen des Unterrichts (darstellendes Spiel, strukturierte Wortschatzarbeit usw.) weit über ihr „normales Können" im Unterricht hinauswachsen.

Der Fremdsprachenerwerb ist ähnlich wie der Muttersprachenerwerb ein „komplex-vielschichtiger aktiver Konstruktionsprozess" (Zydatiß 1997, 41), der seinen eigenen internen Gesetzmäßigkeiten folgt und von außen nur bedingt (durch entsprechende Rahmenbedingungen) beeinflusst werden kann.

Piepho empfiehlt die unterschiedlichen Lernertypen durch gezielte Beobachtungen im Unterricht zu identifizieren, um sie entsprechend ihrer besonderen Lernvoraussetzungen und Bedürfnisse im Unterricht einzubinden und zu fördern (vgl. Piepho 1995, 6).

9 Einbindung in das Europaschulkonzept

„Die Schule soll dazu beitragen, dass in der heranwachsenden Generation ein Bewusstsein europäischer Zusammengehörigkeit entsteht" (KMK 1990, 5).

Die Europaschule Gladenbach hat sich dieser anspruchsvollen Erziehungsaufgabe gestellt und die Entwicklung eines „Europa-orientierten" Schulprofils zum Schwerpunkt ihrer pädagogischen Arbeit gemacht. Dies erfordert

a) eine didaktische Neuorientierung durch die Entwicklung und Einbindung der „europäischen Dimension" im fächerübergreifenden Unterricht und beim projektorientierten Lernen sowie

b) die Entwicklung eines handlungs- und anwendungsorientierten Fremdsprachenunterrichts, der in Verbindung mit interkulturellen Inhalten die Schüler mit geeigneten fremdsprachlichen und interkulturellen Kompetenzen ausstattet, um ein grenzüberschreitendes Lernen zu ermöglichen.

Die Zielsetzungen, sowohl eine kommunikativ angemessene Handlungsfähigkeit, als auch vielfältige Erfahrungen hinsichtlich unterschiedlicher Lebenswelten, kulturbedingter Normen und Traditionen so früh wie möglich und langfristig anzubahnen, machen es zwingend notwendig, sich mit den Möglichkeiten und Bedingungen authentischer Begegnungen in der Grundschule auseinander zu setzen. Am Anfang zielten unsere Bemühungen fast ausschließlich auf den englischsprachigen Kulturraum (Partnerschaften mit englischen und amerikanischen Klassen). Durch die vielen internationalen Lehrerbegegnungen innerhalb der Schule wurde es uns jedoch zunehmend bewusst, wie wichtig es ist, dass auch unsere Schüler die englische Sprache als internationales Kommunikationsmittel kennen lernen, mit deren Hilfe der Kontakt zu Menschen unterschiedlicher Sprachgemeinschaften hergestellt werden kann (vgl. den Beitrag von Siegfried Seyler).

9.1 Lucy, eine „Mitschülerin" aus England

Die erste „authentische" Begegnung erleben die Schüler im Umgang mit der Handpuppe *Lucy* (bzw. *Tom* oder *Alice*). Mit Hilfe der Puppe können landeskundliche Inhalte altersgemäß vermittelt werden *(How Lucy celebrates Christmas, London – Lucy's home town)* und typische englische Lieder, Gedichte und Spiele *(Lucy's favourite game is „blind man's buff")* gelernt werden. Die „Zusammenarbeit" mit der Handpuppe ist sehr erfolgreich. Sie regt die Fantasie der Schüler an und erleichtert ihnen, eigene interkulturelle Kenntnisse und Erfahrungen mit in den Unterricht einzubringen („Darf ich Tom erzählen, dass ich schon einmal in England war?").

9.2 *English Corner: What we know about other countries*

Damit das Fremde zum Alltäglichen wird, wird bereits im 1. Schuljahr in vielen Klassen unserer Schule eine so genannte „englische Ecke" eingerichtet. Hier werden landeskundliche und fremdsprachliche Poster, Bilder von typischen Sehenswürdigkeiten und andere Realgegenstände ausgestellt. Die „englische Ecke" wird im Zuge des „interkulturellen Lernens" in den nachfolgenden Schuljahren oft zu einer multikulturellen Ausstellungswand erweitert.

An English corner

9.3 Einsatz von Muttersprachlern

Die Mitarbeit englischer Praktikanten und Fremdsprachenassistenten steigert die Motivation und das Interesse am Fremdsprachenlernen erheblich und bewirkt eine positive Einstellung zum Zielland. Die persönlichen Kontakte mit Muttersprachlern ermöglichen konkrete Erfahrungen im gegenseitigen Austausch über Familie, Alltag, Hobbys und Traditionen. Sensibilisiert für die eigene Sicht- und Handlungsweise werden die Schüler angeregt, sich mit der fremden Alltagskultur auseinander zu setzen und dabei Gemeinsamkeiten und Gegensätzliches zu entdecken. Landeskundliche Aktivitäten wie z. B. das Reden über weihnachtliche Traditionen, gemeinsames Basteln von *Christmas crackers* sowie das Ausprobieren beliebter englischer Geburtstagsspiele bekommen durch die Mitarbeit von Muttersprachlern eine besondere interkulturelle Wertigkeit und bleiben länger im Gedächtnis haften.

9.4 Kontakte mit der amerikanischen *Elementary School* in Gießen (1992–1998)

Das Fremdsprachenlernen wurde durch die Kontakte mit Kindern einer amerikanischen Grundschule in Gießen in besonderer Weise bereichert und mit Leben erfüllt. Die Vorbereitungen der Begegnungen mit den Partnerklassen machten einen großen Teil des Englischunterrichts aus. Es wurden Briefe geschrieben, Lieder und Spiele speziell für das Treffen gelernt und wichtige Kommunikationsmuster eingeübt. Nach mehreren Besuchen in der amerikanischen Grundschule konnte beobachtet werden, dass sich die Schüler völlig unbefangen und angstfrei in der fremden Umgebung bewegten. Vielen Kindern machte es Spaß, ihr fremdsprachliches Wissen ganz allein auszuprobieren. Darüber hinaus lernten sie, sich auch nonverbal zu verständigen.

9.5 Sprachliches und interkulturelles Lernen durch Briefkontakte mit Schülern anderer Länder

Für uns gehört die Anbahnung von Kontakten zu Kindern anderer Sprachgemeinschaften zu den wichtigen Aufgaben eines Unterrichts, der frühes Fremdsprachenlernen fördern will. Die besonderen methodischen Möglichkeiten einer Briefpartnerschaft ergeben sich zunächst aus der Tatsache, dass ein Teil des Unterrichts der konkreten Vorbereitung für eine echte Kommunikation gewidmet ist. Die Klassenkorrespondenz bietet darüber hinaus Gelegenheit für vielfältige interkulturelle Vergleiche (Stundenplan, Tagesablauf, Lieblingsessen usw.). Dabei entdecken die Schüler nicht nur Unterschiede und Gemeinsamkeiten in der Alltagskultur beider Länder, sondern sie lernen auch, sich selbst und ihre Umgebung mit anderen Augen zu sehen. Die fremde Sprache wird als Brücke zum anderen erfahren.

Neben einer langjährigen Briefpartnerschaft mit verschiedenen Klassen einer englischen Grundschulklasse in West Kirby (England) gelang es in den letzten Jahren, weitere Partnerschaften mit Klassen in Sunderland (England), Greensboro (USA), Brno (Tschechien), Jaroslaw (Russland), Zafferana (Italien) und Helsinki (Finnland) aufzubauen.

Zunächst erschien es befremdlich, Klassenkorrespondenzen mit Nichtmuttersprachlern einzurichten. Wenn man jedoch das Fremdsprachenlernen unter dem Aspekt des interkulturellen Lernens sieht, so haben gerade diese Verbindungen einen besonderen Wert. Durch sie wird ein interkultureller Brückenschlag zu solchen Ländern möglich, mit denen die Schüler normalerweise seltener in Berührung kommen (siehe Beitrag von Karin Drese).

9.6 Comenius-Projekt

Nach langjährigen Kontakten zu verschiedenen Schulen des europäischen Auslands gelang es uns, einige Schulen für ein gemeinsames Comenius-Projekt mit dem Titel *Children in Europe get to know each other via correspondence* zu gewinnen. Auf diese Weise werden noch mehr Kollegen einbezogen und bestehende Klassenpartnerschaften zu Schulpartnerschaften ausgebaut.

9.7 Schülerbegegnungen

Neben den vielen internationalen Arbeitstreffen der Lehrer fand im Mai 2000 ein erster Besuch von Schülern, Lehrern und Müttern aus der Partnerschule in Zafferana (Italien) in Gladenbach statt. Die italienischen Schüler durften morgens einen speziell auf sie zugeschnittenen „deutschen Schulalltag" miterleben und unternahmen mit ihren Partnern gemeinsame Ausflüge nach Marburg und an den Rhein. Um erste Hemmungen zu beseitigen, hatten die Gladenbacher Eltern mit tatkräftiger Unterstützung der Kinder ein Begrüßungsfest organisiert. Die italienischen Schüler bereicherten mit ihren temperamentvollen Auftritten (Tanz und Gesang) das Europafest der Schule, das zu dieser Zeit stattfand. Ein großes Abschiedsessen wurde in einer gemeinsamen Aktion von deutschen und italienischen Müttern vorbereitet und durchgeführt.

COMENIUS – Project

„Children in Europe get to know each other via correspondence"

Ein Besuch deutscher Schüler ist für April 2001 bereits geplant. Schüler einer 5. Förderstufenklasse (teilweise sind es dieselben Kinder) werden eine Woche in italienischen Familien leben und gemeinsam mit ihren italienischen Briefpartnern die Schule in Zafferana besuchen.

Die Tatsache, dass eine komplette Klasse 11-jähriger Schüler sich auf ein Unternehmen wie dieses einlässt, sich aufgeschlossen und selbstbewusst den sicherlich nicht einfachen sprachlichen Anforderungen stellt, dabei von äußerst interessierten Eltern unterstützt wird, macht deutlich, dass unsere intensive interkulturelle Arbeit bereits viele Früchte trägt.

Die intensive und exemplarische Auseinandersetzung mit einer Fremdsprache führt bei den Schülern zu einem deutlich größeren Interesse und mehr Offenheit auch für andere Sprachen und Kulturen. Den ausländischen Mitschülern fällt es dadurch sehr viel leichter, ihre persönlichen Kulturerfahrungen und ihre Muttersprache bei interkulturellen Themen und Projekten mit einzubringen.

10 Beobachtungen und Erkenntnisse nach sechs Jahren Schulversuch

Es sei nochmals betont, dass die im Folgenden wiedergegebenen Erfahrungen und Eindrücke hinsichtlich des Englischunterrichts ab der 1. Klasse und der damit verbundenen Fragestellungen die Perspektive der Koordinatorin des Versuchs und einiger Lehrkräfte wiedergeben, die über mehrere Jahre hinweg in verschiedenen Klassen unterrichtet haben.

10.1 Lernverhalten in den ersten beiden Lernjahren

Alle Schüler beteiligen sich begeistert und interessiert am Unterricht. Die Lehrkräfte zeigen sich immer wieder erstaunt darüber, wie offen und ungezwungen die Schüler mit der fremden Sprache umgehen. Die Schüler lernen ausgesprochen schnell. Lieder und Reime werden von ihnen in kürzester Zeit beherrscht. Treten bei dem einen oder anderen Probleme mit der Aussprache oder der Formulierung eines Satzes auf, so beeindruckt immer wieder die von den Schülern erbrachte Geduld und gegenseitige Hilfsbereitschaft. Bereits nach wenigen Wochen sind die Schüler der 1. Klasse in der Lage, 30 Minuten und länger konzentriert mitzuarbeiten. Uns ist wiederum aufgefallen, dass die Aufmerksamkeit einiger Schüler nachlässt, sobald sie in ihren Tischgruppen einer frontal durchgeführten Unterrichtsphase folgen müssen.

Die Begeisterung für das „frühe Fremdsprachenlernen" zeigt sich nicht nur darin, dass Lieder, Reime und Spiele in freien Arbeitsphasen und in der Pause aufgegriffen werden, sondern auch zu Hause und im Freundeskreis „vorgeführt" werden. So ist es auch nicht weiter erstaunlich, dass einige Schüler der nachfolgenden Jahrgänge bereits bei Schuleintritt sehr genau über die Inhalte des Englischunterrichts Bescheid wissen, ja sogar einige Inhalte beherrschen.

Wir können weiterhin feststellen, dass 6- und 7-jährige Kinder die gleichen Probleme bei der Aussprache bestimmter englischer Laute haben wie 8- und 9-jährige. Nicht ihr Imitationsvermögen ist, wie wir anfangs annahmen, größer, sondern ihre Imitationsfreude, die lernorientiert besser genutzt werden kann.

Das Argument der Überforderung einzelner Schüler wird von Gegnern des Schulversuchs immer wieder gerne vorgebracht. Es lag daher auf der Hand, dieser Frage besonders nachzugehen: Zu keiner Zeit des Schulversuchs hatten wir den Eindruck, dass es Schüler gab, die den Anforderungen des „frühen Fremdsprachenlernens" nicht gewachsen gewesen wären. Im Gegenteil: Unsere Erfahrungen zeigen immer wieder, dass sich besonders „leistungsauffällige" Schüler durch die spielerischen Aktivitäten, frei von Notendruck und Leistungsnachweis, besonders angesprochen fühlen. Nicht selten erleben wir, dass diese Schüler regelrecht „aufblühen" und besonders aktiv mitarbeiten. Befürchtungen einzelner Eltern und Lehrer, dass das Fremdsprachenlernen negative Einflüsse auf den Lese- und Schreiberwerb haben könnten, werden nicht bestätigt.

Ohne Frage tut es auch den ausländischen Schülern gut, zu erleben, dass sich ihre deutschen Mitschüler genauso wie sie um die fremde Sprache bemühen müssen und sie daher vergleichbare Ergebnisse erzielen können. Durch die vielen Wiederholungs- und gezielten Übungsphasen im Fremdsprachenunterricht können neu hinzugekommene Schüler sich rasch mit den wesentlichen Inhalten und Redemitteln vertraut machen und sich aktiv beteiligen.

10.2 Lernverhalten und Ergebnisse nach vier Lernjahren

Der Lernzuwachs kann am leichtesten an der zunehmenden Sicherheit und Schnelligkeit festgestellt werden, mit der die Schüler verbal und nonverbal reagieren. Ab dem 3. Lernjahr können jedoch auch konkrete Unterschiede bei der Entwicklung der fremdsprachlichen Fähigkeiten einzelner Schüler festgestellt werden. Dieser Umstand macht es zunehmend dringlicher, sich über die Möglichkeiten differenzierenden Arbeitens Gedanken zu machen, damit der Gebrauch der Fremdsprache für jeden einzelnen Schüler weiterhin positiv und ermutigend sein kann. Die Leistungsunterschiede innerhalb einer Lerngruppe sind in den einzelnen Fertigkeitsbereichen unterschiedlich ausgeprägt. Geringere Unterschiede zeigen sich beim Hörverstehen und beim reaktiven Sprechen. In diesen Bereichen erzielen fast alle Schüler recht gute Erfolge. Große Leistungsunterschiede hingegen gibt es bei der produktiven Sprachanwendung, bei der Wahrnehmung und beim Gebrauch einfacher grammatikalischer Strukturen sowie beim Lesen. Während sich viele Schüler selbstbewusst der Sprache bedienen, indem sie spontan in ganzen Sätzen sprechen, eigene Transferleistungen vollbringen und anfangen sich über sprachliche Erscheinungen Gedanken zu machen, gibt es jedoch auch einige wenige Schüler, die sich lediglich in intensiven Wiederholungsphasen und bei vertrauten spielerischen Aktivitäten fremdsprachlich einbringen. Leistungsstarke Schüler zeichnen sich durch einen zunehmend kreativen und eigenständigen Umgang mit der Fremdsprache aus. An dieser Stelle seien einige interessante Beobachtungen erwähnt, die auch von Sarter beschrieben werden (Sarter 1997, 147 f.). Sprachbegabte Schüler „experimentieren" zunehmend mit der Fremdsprache und orientieren sich nicht mehr ausschließlich an den sprachlichen Vorgaben des Lehrers. Dadurch kommt es zwangsläufig zu mehr Fehlleistungen. Diese völlig neue Erfahrung führte zunächst zu gewissen Verunsicherungen sowohl bei den Lehrkräften als auch bei den betroffenen Schülern. Sofortige und häufige Korrekturen hatten zur Folge, dass sich diese Schüler, besonders bei Unterrichtsbesuchen, in ihren sprachlichen Äußerungen zurücknahmen, aus Angst, zu viele Fehler zu machen. Eine größere „Fehlertoleranz" seitens der Lehrkräfte und eine größere Lernautonomie für die Schüler führten schließlich dazu, dass die Schüler sich in ihren Bemühungen um eigene Sprachproduktion ernst genommen fühlten und dadurch wieder motiviert und aktiv mitarbeiteten.

Am Ende der Klasse 4 beherrschen fast alle Schüler die wichtigsten Laute. Die bei einigen Schülern zu beobachtenden Probleme bei der Lautdiskriminierung korrelieren eindeutig mit denen in der Muttersprache. Die besonders im Lauterwerb feststellbaren Unterschiede zwischen den einzelnen Klassen können möglicherweise darauf zurückgeführt werden, dass die Ausspracheschulung im Unterricht von den Lehrkräften unterschiedlich gewichtet wurde.

   Obwohl keine gesteuerte Entwicklung der Lesefertigkeit stattfindet, zeigen viele Schüler in der 4. Klasse beachtliche Leistungen in diesem Bereich. Es erwies sich als richtig, mit dem Einstieg in die Schriftsprache so lange zu warten, bis die wichtigsten Lautbilder der englischen Sprache bekannt sind und ein bestimmter Grundwortschatz beherrscht wird. Obwohl keine gesteuerten Übungen im Bereich „Lesefertigkeit" durchgeführt werden, haben viele Schüler nach 3 Jahren Englisch ein sicheres Gefühl für die Beziehung zwischen Laut- und Schriftbild entwickelt. Der Zeitpunkt für die gezielte Beschäftigung mit der Schrift wird von den Schülern ab dem 4. Schuljahr oft selbst bestimmt. In freien Arbeitsphasen nutzen einige Schüler die Möglichkeit, bereits bekannte Bilderbücher oder Comics *(Ready for English)* zu lesen. Auch die Leistungsunterschiede im Bereich „Lesefertigkeit" korrelieren sehr stark mit denen in der Muttersprache.

10.3 Was hat sich zum herkömmlichen Beginn (ab Klasse 3) geändert?

Obwohl keine Leistungsvergleiche mit entsprechenden Kontrollgruppen durchgeführt wurden, können wir aufgrund unserer langjährigen Erfahrungen mit dem Fremdsprachenlernen ab Klasse 3 folgende Beobachtungen hinsichtlich von Gewinn und Effektivität machen:

Durch den Fremdsprachenbeginn ab Klasse 1 kann die für den Anfangsunterricht ab Klasse 3 typische Diskrepanz zwischen sprachlicher Kompetenz und sprachinhaltlichem Interesse weitgehend aufgehoben werden. Bewegungslieder, Fingerreime, das Hantieren mit der Handpuppe, schlicht alle Dinge, die sich für den Anfangsunterricht besonders eignen, werden von 6- und 7-jährigen Kindern noch mit größerer Freude und Unbefangenheit aufgenommen als von älteren Schülern.

Der Fremdsprachenunterricht ab Klasse 1, wie er an unserer Schule erprobt wird, verhilft den Schülern schon frühzeitig zu einem beachtlichen Hörverständnis und einer entsprechenden mündlichen Kommunikationsfähigkeit. Auf diese Weise können mehr als bisher altersadäquate Inhalte in den Klassen 3 und 4 behandelt werden. Die Leistungen im Bereich des Lesens und des Schreibens lassen sich durch die längere Beschäftigung mit der Sprache und ihrer Lautstruktur für alle Schüler deutlich verbessern. Sie erlauben einen zunehmend selbstständigen und kreativen Umgang mit der Fremdsprache. Die daraus resultierenden Erfolgserlebnisse – auf unterschiedlichen Leistungsebenen – wirken sich bei allen Schülern sehr positiv auf den Erhalt der Motivation aus.

11 Fortsetzung des Schulversuchs in der Förderstufe

Von Anfang an war uns klar, dass der Schulversuch nur dann eine erzieherische und bildende Wirkung haben wird, wenn die in der Grundschule eingeleiteten Lernprozesse eine kontinuierliche Fortsetzung finden und es uns gelingt, ein Gesamtkonzept eines von der Grundschule bis zum Schulabschluss reichenden „Lehrgangs" zu entwickeln. Eine möglichst detaillierte Beschreibung der Lernausgangslage nach 4 Jahren Grundschulenglisch war eine wichtige Voraussetzung für die gemeinsame Entwicklung eines Fremdsprachenkonzepts an unserer Schule und das Gelingen einer sinnvollen Weiterführung in der Sekundarstufe (vgl. Berichte von Michael Legutke und Ulrich Andersch).

11.1 Gemeinsame Festlegung von Zielen, Methoden und Inhalten

Ziel des Englischunterrichts in der Förderstufe muss zunächst sein, die Sprechbereitschaft und die Motivation der Schüler zu erhalten. Die fremdsprachliche Kompetenz soll unter Hinzunahme von Schrift und der Reflexion über grammatikalische Erscheinungen ausgeweitet und vertieft werden. Dabei ist es wichtig, dass die Schüler von Anfang an durch verschiedene sprachliche Eingaben und Angebote kreativer Spracharbeit die Gelegenheit bekommen, ihr sprachliches Können auf vielfältige Art und Weise und auf unter-schiedlichem Niveau einzubringen.

Die methodisch-didaktischen Zielsetzungen erfordern eine andere Schwerpunktsetzung im Englischunterricht der Sekundarstufe:
— Sammeln aller Kenntnisse und Fähigkeiten
— Aufgreifen bereits bekannter Routinen (Spiele, *jazz chants*, Lieder)
— starke Hinwendung zum mündlichen Sprachgebrauch
— intensive Schulung des Hörverstehens
— Einbeziehen vieler verschiedener Medien (Audio, Video, PC, Easy Readers, Sachtexte)
— Ermöglichung ganzheitlicher, intuitiver und an Themen orientierter Spracherfahrung
— Förderung der Lernerautonomie

11.2 Arbeit mit einem neuen Lehrwerk

Nach längeren, zum Teil heftigen Diskussionen konnte eine Einigung darüber erzielt werden, dass Veränderungen im Englischunterricht der Sekundarstufe zwangsläufig andere Ansprüche an das Lehrwerk nach sich ziehen müssen. Aus diesem Grund wurde ein neues Lehrwerk eingeführt, und zwar *Notting Hill Gate* (Diesterweg/Schroedel), das einige sehr wichtige Prinzipien berücksichtigt:
a) spiralförmige Entwicklung von Themenbereichen im Sinne einer zyklischen Progression
b) Berücksichtigung der Vorkenntnisse der Schüler
c) Angebote vieler verschiedener handlungsorientierter Aufgaben
d) funktionale Vermittlung von Grammatik in Sprachanwendungssitu-ationen (vgl. Edelhoff 1995)

11.3 Organisation

Die Gladenbacher Schüler werden in der Klasse 5 nicht wie bislang üblich mit Schülern anderer Schulen vermischt, sondern zunächst in so genannten „Weiterführungsklassen" und später, soweit dies möglich ist, in Gladenbacher A- und B-Kursen unterrichtet. Aus früheren Versuchen in Hessen und anderen Bundesländern ist es uns hinlänglich bekannt, dass die Arbeit in den weiterführenden Schulen durch große Unterschiede in der Lernausgangslage nicht nur erschwert wird, sondern bereits nach kurzer Zeit auch eine Angleichung der Leistungen stattfindet. Dies soll auf jeden Fall verhindert werden. Es ist uns wichtig, die Entwicklung der fremdsprachlichen Kompetenz in einer „homogenen" Gruppe weiterhin zu beobachten und die Schüler in den einzelnen Teilbereichen gemäß ihres Sprachlernstands so zu fördern, dass weder ein Motivationsverlust noch ein Leistungsabfall durch Langeweile auftreten (vgl. Bericht von Siegfried Seyler).

11.4 Erste Bilanz

Nach dem ersten Durchgang (Klassen 5 und 6) können wir Folgendes feststellen:

Im Vergleich zu den Schülern der Zubringerschulen (Englisch ab Klasse 3) erbringen die Gladenbacher Schüler deutlich bessere Leistungen sowohl beim Hörverstehen als auch bei der Aussprache und beim Lesen. Die Umstellung auf ein „leistungsbetontes Englischlernen" mit Hausaufgaben und Noten scheint den Gladenbacher Schülern, die auf ein großes fremdsprachliches Vorwissen zurückgreifen können, weniger schwer zu fallen. Bedingt durch ihre guten Hörverstehensleistungen haben die Gladenbacher Schüler auch geringere Probleme, sich auf die neue Lehrkraft, deren Aussprache und Unterrichtsgestaltung einzustellen. Insgesamt gesehen scheint für die Gladenbacher Schüler der „Übergang" von einer Schulform zur anderen, zumindest im Fach Englisch, nicht mehr ganz so problematisch wie früher.

Große Leistungsunterschiede *innerhalb* der Versuchsklassen beschränken sich zunächst, von wenigen Ausnahmen abgesehen, auf den schriftlichen Bereich. Im mündlichen Bereich erbringen die Schüler, die einen konsequent einsprachig geführten Grundschulenglischunterricht hatten, fast durchweg gute Verstehensleistungen. Dies wirkt sich besonders bei leistungsschwächeren Schülern positiv aus, denen es aufgrund ihrer guten Vorkenntnisse und hohen Motivation gelingt, im Fach Englisch auf mittlerem Niveau (B-Kurs) in den Klassen 5 und 6 erfolgreich mitzuarbeiten. Die außerordentlich guten Sprech- und Verstehensleistungen der Gladenbacher Schüler werden durch viele zusätzliche Angebote derart gesteigert, dass in der Klasse 6 (A-Kurs) bereits Sachtexte und Lektüren aus dem Jahrgang 7 gelesen werden können.

Die großen Unterschiede in den mündlichen und schriftlichen Lern-leistungen stellten uns anfangs vor große Probleme. Auch wenn bei der inhaltlichen Gestaltung des Lehrwerks die Vorkenntnisse der Schüler berücksichtigt werden, so sind trotz allem viele Themenbereiche hinreichend mündlich bekannt und bieten außer der Verschriftlichung des Wortschatzes nicht viel Neues. Der anfängliche Versuch, die Spanne zwischen den beiden Fertigkeitsbereichen „Sprechen" und „Schreiben" möglichst schnell zu verringern und die Themenbereiche zügig „abzuarbeiten", führte dazu, dass Rechtschreibübungen sowohl im Unterricht als auch bei Hausaufgaben ein Übergewicht bekamen, und dies hatte negative Folgen: Der Unterricht wurde langweilig und die Motivation ließ sowohl bei den Schülern als auch bei den Lehrern spürbar nach. Leistungsschwächere Schüler waren überfordert. Unsere Überlegungen führten uns zurück auf die Grundschularbeit. Ähnlich wie im Deutschunterricht der Klassen 1 und 2 wurden nun die Schüler der Klasse 5 angeregt, in der Fremdsprache eigene Texte zu schreiben, unabhängig davon, ob die richtige Schreibweise oder die notwendige grammatikalische Struktur bereits beherrscht wurden. Die Schüler waren zunächst etwas verunsichert, weil sie meinten, eine schriftliche Textproduktion nicht leisten zu können. Der Hinweis, dass es beim „freien Schreiben" ausschließlich darauf ankommt, dass andere den Text beim Vorlesen verstehen können, nahm die Unsicherheit und Zurückhaltung. Mit großer Motivation schrieben sie eine Reihe kleiner Texte, wie z. B. *My dream room, My pet, My town*. Viele Vokabeln waren bereits bekannt, fehlende wurden in den Klassenwörterbüchern nachgeschlagen, mangelnde Grammatikkenntnisse, soweit überhaupt bewusst, übergangen. Manche Schüler holten sich Unterstützung beim Lehrer. In diesem Zusammenhang soll nicht unerwähnt bleiben, dass sich das neue Lehrwerk mit seiner zyklischen Progression und seinem „offenen Ansatz" sehr bewährt hat. Es bietet viele Möglichkeiten, Inhalte variabel zu gestalten, aber auch phasenweise lehrwerksunabhängig zu arbeiten.

Als die ersten Versuchsschüler in die Förderstufe überwechselten, konnten sich die dort unterrichtenden Englischlehrer noch nicht so recht vorstellen, dass die deutlich besseren fremdsprachlichen Leistungen der Gladenbacher Schüler am Anfang der Klasse 5 auch im leistungsorientierten Fachunterricht weiterhin anhalten würden. Sowohl die Ergebnisse der Klassenarbeiten als auch der kursbezogenen Arbeiten machen jedoch deutlich, dass der Notendurchschnitt der Versuchsklassen bis zum Ende der Klasse 6 stets besser ausfällt. Es darf an dieser Stelle nicht unerwähnt bleiben, dass unsere Bemühungen, den Unterricht inhaltlich anders zu gestalten, auch andere Schwerpunktsetzungen bei den Englischarbeiten zur Folge hatte. So werden die Fertigkeitsbereiche

Hörverständnis, Leseverständnis und „freies Schreiben" viel mehr als bisher und mit größerer Gewichtung abgetestet. Die Motivation und Begeisterung für das Fremdsprachenlernen hält bei vielen Schülern in der Förderstufe an. Dies zeigt sich nicht nur im Unterricht, sondern auch in der Notwendigkeit aufgrund der vielen Anmeldungen eine zweite bilinguale Klasse in der Jahrgangsstufe 7 für das kommende Schuljahr einzurichten.

Im Hinblick auf die deutlich besseren fremdsprachlichen Kompetenzen der Schüler am Ende der Klasse 6 und das ansteigende Interesse an Kontakten und Begegnungen mit Schülern anderer Länder, kann der Schulversuch „Englisch ab Klasse 1" als gelungen betrachtet werden. Die Lehrkräfte erhielten eine Reihe wertvoller Impulse und Erkenntnisse nicht nur hinsichtlich des fremdsprachlichen und interkulturellen Lernens, sondern auch aus anderen Bereichen der Grundschularbeit. Die guten Ergebnisse des Schulversuchs, die vielen positiven Rückmeldungen der Eltern und die gute Zusammenarbeit mit den Kollegen der Verbundschulen führten erfreulicherweise dazu, dass der Schulversuch auf drei weitere Zubringerschulen ausgeweitet werden konnte, was einen notwendigen Schritt für die zukünftige Arbeit in der Sekundarstufe darstellt. Denn erst wenn alle Schüler vergleichbare Fremdsprachenkenntnisse mitbringen, wird es uns gelingen, ein neues Fremdsprachenkonzept für die Schule zu entwickeln.

Themenkreise und Inhalte

1. Clothes	10. Eastertime
2. Animals	11. This is my town
3. Food and drink	12. Three little pigs (story)
4. Halloween	13. Fruit and vegetables
5. Thanksgiving	14. This is my day
6. The days of the week/timetable	15. The clock
7. Christmas	16. Rooms and furniture
8. Wintertime	17. We're going on a bear hunt
9. Carnival	18. ABC

Info-Kasten „Lieder"

ABC-Rock – Ba, Ba Black Sheep – Black and Gold – Christmas Pudding – Colour Songs – Everybody Do This – Farmer Brown – Five Brown Teddies – Five Little Monkeys – Five Little Speckled Frogs – Head, Shoulders, Knees and Toes – Hello, Hello, What's Your Name? – Here Comes the Postman – Hickory Dickory Dock – Hokey Pokey – If You're Happy and You Know It – I Hear Them – I Like the Flowers – I'm a Fairy Doll – I've Got Ten Fingers – My Hand and Your Hand – My Hen is Green – Old MacDonald – Rainbow Song – Ten Little Witches – The Animals Went in Two By Two – The Farmer in the Dell – The Wheels of the Bus – This is the Way I Wash My Face – Tommy Thumb – We Wish You a Merry Christmas – ...

Die oben aufgeführten Lieder sind auf folgenden CDs und Kassetten zu finden:
- *English Nursery Rhymes*, Addison Wesley Longman Ltd (1996)
- *Greg and Steve Playing Favorites*, Youngheart Music Inc. (1991)
- *Sing-A-Rhyme Vol. 1*, Creative Teaching Press Inc. (1990)
- *Sing-A-Rhyme Vol. 2*, Creative Teaching Press Inc. (1990)
- *The Music Box*, Addison Wesley Longman Ltd (1995)
- *Oranges and Lemons,* Oxford University Press, OXF7333, OXF7334
- *Music and Movement in the Classroom*, CTP8019
- *Round and Round the Garden*, Oxford University Press, OXF22824

- *Billy Goats Gruff* by Melanie Williams, Penguin (2000)
- *Brown Bear, Brown Bear* by Bill Martin Jr., Puffin Books (1995)
- *Easter is coming* by Trafton Debbie O'Neal, Hunt and Thorpe (1996)
- *Frog and Toad* by Arnold Lobel , Mammoth (1992)
- *Maisy Goes Swimming* by Lucy Cousins (Illustrator), Walker Books (1990)
- *Maisy's House* by Lucy Cousins (Illustrator), Walker Books (1995)
- *Max and the Magic Word* by Colin and Jacques Hawkins, Playtime Books
- *Meg and Mog* by Helen Nicoll, Puffin Books (1975)
- *One Snowy Night* by Nick Butlerworth (Illustrator), Collins (1995)
- *Santa Claus is Coming to Town* by Carolyn Quattrocki, Publications International (1993)
- *Spot Goes on Holiday* by Eric Hill, Puffin Books (1983)
- *Spot on the Farm* by Eric Hill, Puffin Books (1988)
- *The First Thanksgiving* by Linda Hayward, Random House Trade (1990)
- *The Frog Family* in Keystones Activity Book, Diesterweg (1998)
- *The Night Before Christmas* by Clement Clarke Moore, Little Brown and Co. (1997)
- *The Tale of Peter Rabbit* by Beatrix Potter, Frederick Warne (1987)
- *The Very Hungry Caterpillar* by Eric Carle, Puffin Books (1974)
- *Turtle and Rabbit* by Valjean McLenighan, Modern Curriculum (1980)
- *We're Going on a Bear Hunt* by Michael Rosen, Walker Books (1993)
- *Where is Spot?* by Eric Hill, Puffin Books (1983)
- *Winnie the Witch* by Valerie Thomas, Oxford University Press (1989)
- *Witch, Witch Come to My Party* by Arden Druce, Childs Play Intl. Ltd. (1991)

Englisch ab Klasse 1 – *Knock, knock, knock, here comes the postman*

Karin Drese

1 Briefpartnerschaften im Frühenglisch-unterricht? – Aber selbstverständlich!

Es ist schon lange unbestritten, dass Klassenkorrespondenzen den Fremdsprachenunterricht in vielfältiger Weise bereichern. Doch gibt es bislang nur wenige Beispiele für den Briefaustausch im frühen Fremdsprachenunterricht. Zu gering scheinen in diesem Alter die Kenntnisse der Fremdsprache zu sein. Zudem soll das gesprochene Englisch und nicht die Schriftsprache im Mittelpunkt stehen. Dass trotzdem bereits in der Grundschule Briefpartnerschaften im Frühenglischunterricht nicht nur möglich, sondern sinnvoll und bereichernd sind, beweist seit vielen Jahren die Freiherr-vom-Stein-Grundschule in Gladenbach. Da der Schulversuch „Englisch ab Klasse 1" von Anfang an in das Profil der Schule als Europaschule eingebunden war, lag es nahe, dass die Lehrer auch die Möglichkeit realer und medial vermittelter Begegnungen aus-testeten. Überzeugt durch die positiven Erfahrungen, haben die Lehrer inzwischen Klassenkorrespondenzen im Frühenglischunterricht zu einem festen Bestandteil ihres Schul-Curriculums werden lassen. Zu ihren Austauschpartnern, die sich hauptsächlich durch Comenius-projekte fanden, zählen mittlerweile Schulen in Großbritannien, USA, Finnland, Tschechien, Russland und Italien.

Angefangen hat die Idee eines Briefaustauschs mit englisch-sprachigen Kindern 1993, als eine zweite Klasse aus Gladenbach die amerikanische Partner-Grundschule in Gießen besuchen wollte: Um sich auf den Besuch einzustimmen, hatten die Lehrer die Idee, sich Briefe zu schreiben. Bei diesem Austausch, der nach dem Zusammentreffen der Kinder noch viel eifriger fortgeführt wurde, war schnell deutlich, wie sehr ein Briefaustausch den Frühenglischunterricht bereichern kann. Die Motivation und Freude der Schüler Englisch zu lernen wuchs, denn sie hatten nun ein „klares, kommunikatives Ziel vor Augen: Sie wollten verstehen, was der Briefpartner schreibt und wollten verstanden werden" (Jacobs 1998, 11). Zudem entwickelte sich das Interesse der Kinder am Leben von Menschen in anderen Ländern und

Kulturen auf natürliche Weise. Die Gladenbacher Jungen und Mädchen hatten den Wunsch zu erfahren, wie Stundenplan, Zeugnisse und ein Schulvormittag an der amerikanischen Grundschule aussehen, wie amerikanische Familien Weihnachten und Ostern feiern, welche Spiele diese Kinder am liebsten spielen, usw. So boten sich zahlreiche authentische Möglichkeiten zum interkulturellen Vergleich, in denen Unterschiede und Gemeinsamkeiten von den Kindern entdeckt wurden. Zudem lernten sie auch, sich und ihre Umgebung mit anderen Augen zu sehen und gewohnte Vorstellungen zu hinterfragen.

2 Ablauf eines Korrespondenzprojekts: Überlegungen und Anstöße zur Planung und Durchführung

Die Erfahrungen, die im Projektverlauf mit Klassenkorrespondenz gemacht wurden, sollen im Folgenden zusammengefasst und zu Anstößen verdichtet werden, denn es lohnt sich, bereits in der Grundschule den Kontakt zu anderen Sprechern der Zielsprache zu suchen.

1. Überlegung: Die Wahl der Partnerklasse

Wenn die Kinder ungefähr das gleiche Alter haben, besteht die Grundlage für eine gute Verständigung aufgrund der ähnlich entwickelten Denk-, Gefühls- und Ausdrucksmöglichkeiten. Neben dem Alter stellt sich die Frage, ob es einen Austausch mit englischen Muttersprachlern z. B. in Großbritannien und den USA oder mit Nicht-Muttersprachlern z. B. in Italien, Tschechien usw. geben soll. Die Gladenbacher Grundschule hat beide Varianten ausprobiert und die Vor- und Nachteile der jeweiligen Form kennen gelernt.

Ein Vorteil der Korrespondenz mit Muttersprachlern liegt darin, dass authentisches Material zur Verfügung steht, das den Schülern die Möglichkeit bietet, einen persönlichen Bezug zu landeskundlichen Themen herzustellen. So können viele Inhalte des frühen Fremdsprachenunterrichts wie Feste, Schulleben, Sehenswürdigkeiten in Großbritannien bzw. USA anschaulich, interessant und lebendig vermittelt werden. Jedoch ist zu beachten, dass in angelsächsischen Ländern die Klassenlehrer in der Regel jährlich wechseln und der Briefaustausch dann häufig nicht fortgeführt werden kann. Dies wirkt sich jedoch überraschenderweise nicht negativ auf die Motivation der Schüler aus, die sich meist spontan für neue Partnerschaften begeistern. Den lernschwächeren Kindern bietet sich dadurch die Möglichkeit, die Briefinhalte zu wiederholen und die leistungsstärkeren Schüler beginnen, individuelle Briefe zu verfassen (vgl. Jacobs 1998).

Allerdings besteht bei Kontakten zu Muttersprachlern stets eine kommunikationshemmende Asymmetrie: Der Muttersprachler „(...) formuliert so, wie es der Fremdsprachler nie beherrschen wird, er muss sich unter Umständen sogar Restriktionen auferlegen (...). Informationsüberschuss da, Informationsdefizit hier. Sprachliche Souveränität da, begrenzte sprachliche Kenntnisse hier" (Kast und Mitzschke 1988, 30).

2. Überlegung: Der sprachliche Inhalt der Briefe

Soll also ein Austausch mit *native speakers* erfolgreich sein, bedarf es genauer Absprachen zwischen den Lehrkräften hinsichtlich des grammatikalischen und lexikalischen Niveaus, das dem der deutschen Korrespondenten angepasst werden muss. Als günstig hat es sich auch erwiesen, dass die deutsche Klasse den ersten Brief schreibt, da so die englischsprachigen Schüler einen Eindruck über die fremdsprachlichen Fähigkeiten der deutschen Schüler erhalten und sich darauf einstellen können.

Absprachen hinsichtlich des sprachlichen Niveaus sind auch beim Austausch mit Nicht-Muttersprachlern zu treffen, wobei diese meist einfacher sind, weil sich Voraussetzungen entsprechen. Neben diesem Vorteil des geringen Unterschieds in der Sprachfertigkeit bietet sich den Kindern beim Austausch mit Nicht-Muttersprachlern außerdem die Möglichkeit, Länder kennen zu lernen, mit denen sie sonst seltener in Kontakt treten (vgl. Jacobs 1997). Die Kinder in Gladenbach haben inzwischen von dem Leben in Finnland, Tschechien, Russland und Italien erfahren. Allerdings können die landeskundlichen Realia aus diesen Ländern zwar für interkulturelle Vergleiche, nicht aber für Landeskunde im Englischunterricht eingesetzt werden (siehe Brief auf S. 80).

3. Überlegung: Der Modus und die Häufigkeit des Austauschs

Im Laufe der Jahre hat sich in den verschiedenen Klassen in Gladenbach eine Fülle von Austauscharten mit den Partnerschulen entwickelt, die ständig verändert und erweitert wird. Grundlage jeder Korrespondenz ist der Einzelbrief jeden Kindes, den es an einen Partner schreibt. In diesen Briefen präsentieren sich die Schüler in ihrer Individualität. Dies ist in der Grundschule – trotz Binnendifferenzierung – sprachlich zwar nur begrenzt möglich, kommt aber in der zeichnerischen Gestaltung der Briefe deutlich zum Ausdruck.

Dear Loella
I wish you Merry Christmas and a Happy New Year.
We celebrate Christmas on 24 th December.
We find presents under the Christmas tree.
Presents are surprise for me.
We haven't got Santa Claus or Father Christmas, but we have got Little Jesus (Ježíšek).
We eat on Christmas carp with potato salad.

Happy New Year
buon Anno.

Dora

Die Einzelbriefe haben den Vorteil, dass die Kinder sie behalten können. Sie sind sehr stolz, wenn sie die Briefe mit nach Hause nehmen und ihren Eltern, Großeltern und Geschwistern zeigen können.

Neben den Einzelbriefen bietet es sich an Gemeinschaftsbriefe und Gruppenarbeiten zu erstellen, um umfangreiche, allgemeine Informationen mitzuteilen. In einigen Klassen werden z. B. Themenhefte erstellt zu *My first day at school, Events and projects at our school, Our bicycle school.* Andere Klassen wiederum entwerfen Poster zum Thema Schule (*Our report, Our timetable, Our school* usw.).

Eine andere Form des Austauschs, die auch zusätzlich zu den Einzelbriefen durchgeführt wird, sind die Kassettenbriefe. So hat z. B. im Austausch mit einer Schule in Großbritannien eine vierte Klasse eine Kassette erstellt, auf der sich die Schüler vorstellen, ein Gedicht aufsagen und singen. Als dann die Kassetten-Antwort aus England kam, war die Freude groß, denn die englischen Schüler sangen Weihnachtslieder, die die Gladenbacher kannten und bei denen sie mitsingen konnten. Kaum eindrucksvoller hätten die Kinder die Sprache als Brücke zum Anderen erfahren können.

Eine weitere, ebenfalls praktizierte Form der Korrespondenz stellt der Video-Brief dar. Die Kinder produzieren ein Kunstvideo für ihre Partner: Bei einem Gang durch die Grundschule erläutern die Kinder die Gebäude *(This is our gym. We do physical education here ...)* und geben dabei Kommentare ab *(This is our kiosk. The cheese rolls are wonderful ...).*

Bei all diesen Ideen ist es wichtig, dass sie in einem zeitlichen und den Umfang betreffenden Rahmen geschehen, der ohne Schwierigkeiten von den Klassenlehrern durchzuführen ist. „Es ist besser, sich auf die Realisierung weniger Vorhaben und die Erstellung eines Pakets mit geringerem Umfang zu konzentrieren, als aufgrund der Fülle eine intensive Auseinandersetzung mit dem Inhalt zu verhindern" (Drese 2000, 15). Bei dem Material ist nicht die Quantität, sondern die Qualität entscheidend.

4. Überlegung: Die Auswahl der Themen

Zu der Vorplanung eines Austauschs zählt auch die Absprache der Themen. Die Themen sollten – wie der frühe Fremdsprachenunterricht allgemein – altersgemäß und lebensnah sein und zugleich persönliche wie auch allgemeine Informationen enthalten. Außerdem sollten sie fächerübergreifendes Lernen fördern und sprachlich zu bewältigen sein. Schließlich sollten die ausgewählten Themen vielfältige sprachliche und materielle Gestaltungen und interkulturelle Vergleiche ermöglichen. Die langjährige Praxis hat gezeigt, dass folgende Themen diesen Kriterien entsprechen und gut umzusetzen sind:

– *This is me*	– *My town*
– *Food*	– *This is my day*
– *School*	– Grußkarten zu Festen

Dear Vanni
Today I want to tell you
which food I like best.
For breafast: I like rolls with
peanut butter and jam or
muesli.
For lunch: I like pancake with
mashed apples also chicken and
chips.

yours Sebastian

5. Überlegung: Erarbeitung und Fixierung der Briefe

Beim Schreiben des ersten Briefes in einer Klasse, das meistens zu Beginn der dritten Klasse geschieht, sind die Gefühle unter den Schülern meist gemischt. Einige sind aufgeregt und wollen am liebsten sofort selbst schreiben. Andere hingegen haben Bedenken: „Wir können doch gar nicht Englisch schreiben." Diese Einwände sind verständlich, denn vor Beginn einer Korrespondenz werden die Kinder in der

Regel nur selten mit dem englischen Schriftbild konfrontiert, z. B. bei dem Lesen und Zuordnen einzelner Wörter oder beim Ausfüllen eines Lückentextes. Wichtig ist deshalb, dass die Kinder am Anfang erfahren, dass der Lehrer den Text an die Tafel schreibt und sie ihn „nur" abschreiben müssen.

Sind die Kinder beruhigt, und der Lehrer fragt sie, was sie in ihrem Brief schreiben wollen, reagieren die Schüler meist zunächst nur auf Deutsch („Wie heißt du? Ich heiße ..."). Erst der behutsame Hinweis, dass sie dies bereits auf Englisch sagen können, macht den Schülern ihr fremdsprachliches Können bewusst. Die Schüler formulieren dann die Sätze, die vom Lehrer an der Tafel fixiert werden.

6. Überlegung: Formulierung der Briefe

Bei der Formulierung des Brieftextes ist es wichtig, dass nur solche Sätze verschriftlicht werden, die vorher intensiv mündlich geübt und gefestigt wurden, weil die Schriftsprache in der Grundschule keine eigenständige, sondern stets nur stützende Funktion hat (vgl. Hessisches Kultusministerium 1995). Eine befürchtete Interferenz zwischen Grafie und Phonie geschieht bei dieser Vorgehensweise nicht, weil die Schüler nicht die einzelnen Wörter erlesen, sondern das Wort im Ganzen erkennen und das fertige Schriftbild übernehmen. Allerdings ist es besonders im vierten Schuljahr sinnvoll, durch entsprechende Arbeitsblätter das Vokabular für einen Brief auch schriftlich vorzubereiten, nachdem es mündlich eingeführt und geübt wurde.

Bei dem von den Schülern formulierten Brieftext bietet es sich in der Regel an, bei einigen Sätzen Variationen vorzuschlagen (z. B. *My favourite animal is a ...* oder *My hobbies are ....*) Den Schülern macht es immer sehr viel Spaß, die verschiedenen Möglichkeiten zu sammeln. Hierbei wird ihnen auch bewusst, wie viele Wörter sie bereits im Englischen kennen.

Wenn der Brief an der Tafel fertig gestellt ist, lesen ihn einige Schüler mit den für sie passenden Varianten vor. Danach schreiben sie den Text entweder auf kopiertes Briefpapier (mit Schriftlinien) oder aber auf leeres Papier, das zur freien Gestaltung einlädt.

7. Überlegung: Die Korrektur der Briefe

Hinsichtlich der Korrektur der Briefe gibt es unterschiedliche Ansichten. Einige Lehrer möchten, dass die Schüler einen fehlerfreien Brief schreiben, damit sich nicht falsche Schreibweisen einprägen. Andere wiederum korrigieren nur dann die Briefe, wenn die Verständigung gefährdet ist, da sie den Beginn des eigentlichen Schreibens in der Fremdsprache erst ab dem fünften Schuljahr sehen. In einigen Klassen wünschen die Kinder selbst, dass ihre Briefe verbessert werden, weil sie einen möglichst guten Eindruck auf ihre Partner machen möchten. Wichtig erscheint insgesamt, dass – wo nötig – eine Korrektur so geschieht, dass die Schüler nicht den Spaß an dem Briefkontakt verlieren. Außerdem stört es die ausländischen Partner in der Regel nicht, wenn einige kleine Fehler in den Briefen stecken. Viel entscheidender ist für sie, dass sie sehen, welche Mühe sich die Kinder beim ordentlichen Abschreiben und beim liebevollen und fantasiereichen Gestalten der Briefe gegeben haben. Oft wollen die Kinder nicht nur die Briefe verschicken, sondern legen ihrem Partner noch Aufkleber, Süßigkeiten, Freundschaftsbänder, Briefmarken, Ansichtskarten, Vereinsfähnchen, Spielgeld, Fotos der Familie oder der Haustiere und einen Glückspfennig dazu. Gerade diese Dinge machen eine Korrespondenz für die Kinder spannend und lebendig.

8. Überlegung: Checkliste vor dem Abschicken

Die Briefe werden stets unverschlossen eingesammelt und gebündelt verschickt. Schon beim Packen sollte der Lehrer möglichst die Grenzwerte beim Versand beachten um minimale Überschreitungen in Größe und Gewicht zu vermeiden, die häufig einen viel höheren Preis bedeuten. Einige Tage vor dem Abschicken geht der Lehrer folgende Checkliste durch (vgl. Bücking 1991; Drese 2000):
– Steht der Name des Briefpartners in der Anredeformel?
– Ist der Text vollständig?
– Erfordern einige Fehler eine Verbesserung, da sonst die Verständigung gefährdet ist?
– Sind alle Briefe vorhanden? Sollte ein Kind krank sein, so informiert der Lehrer den Kollegen in einem Begleitschreiben darüber und sendet dem betroffenen Schüler eine kleine Karte.
– Eine Klassenliste mit den Namen der Schüler mitschicken, damit der Kollege die entsprechenden Partner eintragen kann.
Wenn endlich alle Briefe eingepackt sind, können die Schüler den Briefumschlag beschriften und ihn am Nachmittag zur Post bringen. Danach beginnt das ungeduldige Warten auf die Antwort.

9. Überlegung: Die Zuordnung der Briefpartner

Der Kollege, der nun die Briefe erhält, steht vor der Aufgabe, den Kindern Partner zuzuordnen. Wichtig ist, dass jeder Schüler einen individuellen Partner hat. Differiert die Klassenstärke der beteiligten Klassen, so finden sich in der Regel immer Kinder, die zwei Partner übernehmen.

Es hat sich in den vergangenen Jahren bewährt, möglichst das Geschlecht, die Hobbys und Interessen der Kinder zu berücksichtigen, ebenso wie die äußere Gestaltung der Briefe, die etwas über das Engagement und die Sorgfalt der betreffenden Schüler aussagt. Werden diese Aspekte nicht berücksichtigt, so passiert es immer wieder, dass die Kinder enttäuscht sind, wenn sie sich z. B. sehr viel Mühe gegeben haben und einen kaum ausgeschmückten Brief erhalten.

Die Namensliste der Partnerklasse ist in dieser Phase sehr hilfreich, da teilweise von den Namen nicht das Geschlecht der Schüler abzuleiten ist. Außerdem können die jeweiligen Partner in diese Liste eingetragen werden, da meist einige Kinder den Namen ihres Partners beim nächsten Brief vergessen haben. Bei dem nächsten Brief, der möglichst nicht länger als zwei Monate auf sich warten lassen sollte, kann der Kollege dann die Liste seiner Klasse mitschicken.

10. Überlegung: Das Lesen und die Präsentation der Antwortbriefe

Wenn endlich das Antwortschreiben aus dem Ausland kommt, ist die Aufregung bei Lehrern und Schülern immer groß. Die Kinder können es kaum erwarten zu erfahren, was ihnen ihre Freunde geschrieben und geschickt haben. Beim Auspacken der Briefe herrscht stets eine spannungsvolle Erwartung, ob denn auch für jedes Kind ein Brief dabei ist und ob man versteht, was die Partner geschrieben haben. Stolz zeigen sich die Kinder zuerst gegenseitig die Briefe. Dann liest ein Schüler mit Hilfe des Lehrers den Brief vor und übersetzt ihn bei Bedarf. Es hat sich als äußerst günstig herausgestellt, wenn die Partner im Antwortschreiben weitgehend den gleichen Wortlaut wie im Hinschreiben der Gladenbacher verwenden, da dies dann das Lesen und Verstehen erleichtert. Für viele Lehrer immer wieder erstaunlich ist die Tatsache, dass die Kinder teilweise weit über ihre eigentlichen Kenntnisse in Englisch hinaus Vokabeln und Sätze verstehen. Dies gibt ihnen neue Motivation und Zutrauen in ihr fremdsprachliches Können. Und weckt außerdem den Wunsch, möglichst schnell zu antworten ...

Einige der selbst geschriebenen und erhaltenen Briefe werden in der „englischen Ecke" ausgestellt. Dadurch wird zum einen stets an die Korrespondenz erinnert und zum anderen der Austausch dokumentiert. Die Schüler können sehen, was sie in den vergangenen Briefen geschrieben haben und was der Inhalt der Briefe ihrer Partner war. Das erleichtert das Schreiben der folgenden Briefe.

3 Ausblick

Alles in allem sind die Korrespondenzen Projekte, die den frühen Fremdsprachenunterricht in Gladenbach äußerst bereichern. Bei den zahlreichen Briefwechseln passiert es mitunter, dass ein Austausch enttäuschend verläuft. „Dies passiert sehr schnell, wenn die Vorbereitung und das Schreiben der Briefe unter Zeitdruck geschieht und die Schüler überfordert sind" (Jacobs 1997, 9). Manchmal liegt der Grund auch in unzureichenden Absprachen mit den beteiligten Kollegen oder dem fehlenden Engagement der Partner. Für Schüler und Lehrer kann es sehr frustrierend sein, wenn sie monatelang auf eine Antwort warten müssen. Gerade deswegen ist es wichtig, sich vor Beginn realistische Ziele zu setzen. Insgesamt jedoch erfahren die Klassen und Lehrer die Korrespondenzen – trotz der Mehrarbeit – als einen Gewinn für den frühen Englischunterricht. Die Schüler werden schon früh gegenüber Menschen anderer Länder und Kulturen auf ganz spielerische und kindgemäße Weise aufgeschlossen und erlernen motivierter und freudiger die Fremdsprache. Und häufig sind die Kinder so begeistert von ihrer Briefpartnerschaft, dass sie auch noch in der fünften Klasse privat per Brief und E-Mail die Kontakte pflegen.

Übergang – Bruch- oder Nahtstelle?

Ulrich Andersch

Übergänge von einer Schulform zur anderen stellen für alle Beteiligten (Lehrer, Schüler, Eltern) stets einen Einschnitt dar, der mit vielerlei Erwartungen, aber auch Ängsten verbunden ist. Bei genauerer Betrachtung ist der Schritt von der Grundschule in die Förderstufe (oder eine andere weiterführende Schulform) noch immer eher eine Bruchstelle denn eine Nahtstelle, treffen doch dort zwei recht unterschiedliche Welten aufeinander. Dies trifft auch auf die Situation an der Freiherr-vom-Stein-Schule zu, wenn auch in etwas abgemilderter Form.

Bezogen auf den Fremdsprachenunterricht war den Planern des Schulversuchs sehr früh bewusst, dass ein Frühbeginn in der Fremdsprache in Klasse 1 nicht ohne Konsequenzen für die Förderstufe und darüber hinaus bleiben konnte. Das Problem bestand zunächst einmal darin, dass sich der Fremdsprachenunterricht in der Grundschule ganz bewusst völlig ungelöst von etwaigen Zielen und Erwartungen der weiterführenden Schulformen entwickelte. Dies war für sein Gelingen zweifellos wichtig, führte andererseits zu einer Umkehrung sonst üblicher Perspektiven, die von oben nach unten ausgerichtet sind. So definiert sich etwa der Englischunterricht in der Sekundarstufe I des Gymnasiums traditionell aus den Anforderungen der Oberstufe, der der Förderstufe aus denen der Jahrgangsstufen 7 bis 10 usw.

Der frühe Fremdsprachenerwerb führt nun dazu, dass die Grundschule zunächst für sich ihre Ziele definiert und einen entsprechenden Lernstand erreicht, an dem sich die weiterführenden Schulformen orientieren und nicht umgekehrt. Letztere sind in der Regel nicht oder nur wenig darauf vorbereitet, auf Schüler zu treffen, die bereits 4 Jahre Englischunterricht erfahren haben. Das Spektrum der Reaktionen an weiterführenden Schulen reicht daher von einem bewussten und geplanten Übergang über die Bewertung als eine nicht ernst zu nehmende und damit folgenlos bleibende Spielerei bis hin zum schlichten Ignorieren. Angesichts der insgesamt positiven Erfahrungen mit dem frühen Fremdsprachenerwerb und der bereits in ihn investierten Arbeit kamen die beiden letztgenannten Reaktionsmuster für die Freiherr-vom-Stein-Schule nicht in Betracht.

Ausgehend von den von der Grundschule gesetzten Zielen und den von ihr dokumentierten Methoden wurde nunmehr die Gestaltung des

Übergangs konzipiert. Grundlegendes Ziel war dabei, dass der Übergang an den Vorerfahrungen und Kenntnissen aus der Grundschule anknüpfen, sie für den weiterführenden Unterricht nutzbar machen und dabei ebenfalls methodische Ansätze weiterführen sollte. Man mag dies für Banalitäten halten, erst ihre konkrete Umsetzung zeigt jedoch die Probleme, die es zu lösen galt.

Ein solcher Problemkreis ist z. B. das Verhältnis von gesprochener zu geschriebener Sprache. Aufgrund der Schwerpunktsetzung der Grundschule auf die gesprochene Sprache konnte hier keine Deckungsgleichheit erwartet werden. Es wäre aber eine fatale Reaktion gewesen, genau an diesem Punkt anzusetzen, um dieses vermeintliche Defizit etwa in einer Art Crashkurs zu kompensieren und bei dieser Gelegenheit gleichsam den pädagogischen Knüppel aus dem Sack zu holen. Ähnliches gilt auch für den Bereich der Kognitivierung grammatischer Strukturen, die die Schüler bereits verstehen und anwenden können.

Stattdessen wurde der Ansatz, über Themenkreise fremdsprachliche Kompetenz zu vermitteln (jetzt auch gezielt die Schriftsprache), aus der Grundschule übernommen. Die dort bereits angelegten Themenkreise wurden wieder aufgenommen, ausgebaut und sprachlich vertieft. Die Schriftsprache kann so organisch in den Fremdsprachenunterricht integriert werden, ohne eine dominante Rolle zu spielen.

Das Primat der mündlichen Kommunikation wurde ebenfalls beibehalten, wenn auch in nunmehr abgeschwächter Form. Spielerische Elemente, die in der Grundschule eine zentrale Funktion haben, sollen weiter fester Bestandteil des Fremdsprachenunterrichts bleiben, und zwar nicht allein als auflockerndes Element, sondern als integraler Bestandteil eines zielgerichteten Unterrichts.

Insgesamt macht dies eine nicht unerhebliche Veränderung des Fremdsprachenunterrichts in den Jahrgangsstufen 5 und 6 aus, die ihrerseits nicht folgenlos für die Fortsetzung in den weiterführenden Schulformen bleiben sollte. Sie sollte vielmehr Anlass geben, über Zielsetzungen und Funktion des Fremdsprachenunterrichts auch dort nachzudenken. Dies trifft umso mehr zu, als von ganz anderer Seite – so etwa dem Europarat – der Stellenwert des Fremdsprachenunterrichts neu definiert wird.

Perspektiven für die Weiterführung

Der Übergang von der Förderstufe in die weiterführenden Schulformen stellt in ähnlicher Weise einen Einschnitt dar wie der zuvor geschilderte, wobei sich die Probleme tendenziell verschärfen, da der Einfluss der Grundschule auf die Methodik und Zielsetzung geringer wird. Gleiches gilt auch für die personelle Kontinuität, die jetzt nur noch durch die

Lehrer der Sekundarstufe I gewahrt wird, d. h. durch sie auch nur noch indirekt aufrechterhalten werden kann.

Umso größer ist auch hier die Gefahr, dass Grundsätze und Elemente, die sich in der Grundschule bewährt haben, nicht weiterverfolgt werden. Diese Tendenz wirkt verstärkt durch die jetzt einsetzende Neigung, Unterrichtsziele von den anzustrebenden Abschlussqualifikationen, d. h. von oben her, zu bestimmen.

In der schulischen Realität des Fremdsprachenunterrichts der Sekundarstufe I ist ein deutliches Übergewicht der Schriftsprache zuungunsten der gesprochenen Sprache festzustellen. Selbst wenn die bislang gültigen Rahmenpläne ein Gleichgewicht beider Teile postulieren und dies auch in der Leistungsbenotung seinen Niederschlag finden sollte, so ist die Realität eine andere.

Aus dieser insgesamt unbefriedigenden Situation gilt es nunmehr herauszukommen und eine Entwicklung im Fremdsprachenunterricht der Sekundarstufe I einzuleiten, die den Grundschulunterricht als einen integralen Bestandteil wahrnimmt und die die Sekundarstufe I in ihrer ganzen Breite erfasst. Ansatzpunkte dafür ergeben sich sowohl aus den noch gültigen Rahmenplänen, den Vorgaben der Kultusministerkonferenz sowie dem *European Framework of Reference* des Europarates (Council of Europe, 1996 b). Dieses unterscheidet sich in wesentlichen Merkmalen vom herkömmlichen Fremdsprachenunterricht in Hessen. Im Mittelpunkt stehen die Bedürfnisse, Interessen und Fähigkeiten der Schüler als Bürger Europas. Als übergeordnete Ziele werden dort formuliert:

- Erhöhung der persönlichen Mobilität
- Verbesserung der internationalen Kooperation
- Stärkung des Respekts für kulturelle Identität und Verschiedenartigkeit
- Verbesserung des Zugangs zu Informationen
- Intensivierung personeller Interaktion
- Verbesserung der Arbeitsbeziehungen
- Schaffung eines tieferen gegenseitigen Verstehens

Inhaltlich liegen daher die Schwerpunkte nicht *in a formalistic study of grammatical structure and literary works, but acquiring the knowledge, attitudes and practical skills for communication in real-life situations.* Mit anderen Worten, es wird ein stärkeres Gewicht auf die funktionale Bedeutung der Fremdsprache als Kommunikationsmittel gegenüber dem allgemein vorherrschenden Wissen über Sprache gelegt. Dies bedeutet aber auch eine gewisse Loslösung von Zielsetzungen, wie sie etwa für den Gymnasialzweig durch das Abitur vorgegeben werden. Stattdessen werden Elemente des Fremdsprachenunterrichts betont, die der Kommunikationsfähigkeit der Schüler dienen:

- Sprachproduktion (mündlich stärker als schriftlich)
- Sprachrezeption (mehr auditiv bzw. audio-visuell denn lesend)
- sprachliche Interaktion
- Mediation

Die so begriffene kommunikative Kompetenz kann dabei nie losgelöst von den kulturellen Zusammenhängen betrachtet und erworben werden, in denen die Sprache verwurzelt ist. Dies bedeutet, dass mit der kommunikativen Kompetenz zugleich eine kulturelle Kompetenz erworben werden soll, die hilft „kulturelle Fettnäpfe" zu vermeiden (vgl. Schröder 1999, 1). Nicht die grammatisch korrekte Äußerung ist ausschlaggebend für das Gelingen von Kommunikation, sondern die kulturell angemessene (die zweifellos auch sprachlich korrekt sein sollte). In diesem Sinne ist mit Konrad Schröder der Fremdsprachenunterricht „europatauglich" zu machen.

Die Frage, die sich stellt, ist, wie kommt man dahin? Die üblichen Wege über eine Diskussion in der Fachschaft mit anschließendem Mehrheitsbeschluss führen in der Regel nicht viel weiter, da die beharrrenden Elemente sehr viel stärker sind und so manchen Fachschaftsbeschluss unbeschadet überleben. Erfolgversprechender erscheinen hier drei Wege, die sich gegenseitig ergänzen sollen.
- Die Fachschaft definiert für jede Jahrgangsstufe und Schulform die Sprachlernziele, die sie realistischerweise erzielen kann. Dies geschieht zunächst losgelöst von Vorgaben durch Lehrwerke. Letzteres gilt insbesondere für die Hauptschule. So wird verhindert, dass schulinterne Fachcurricula nicht mehr sind als das unreflektiert übernommene Inhaltsverzeichnis des jeweils eingeführten Lehrwerks.
- Gleichzeitig unterzieht sich die Fachschaft in ihrer Gesamtheit einer gezielten Fortbildung zu Methoden des kommunikativen Unterrichts und entsprechenden Testmethoden. Letztere müssen sich in der Konsequenz von den bislang dominierenden Schriftformen zu anderen Kommunikationsformen entwickeln.
- Als unterstützendes Element wird für den gesamten Fremdsprachenunterricht (Ausnahme: Hauptschule) das Europäische Fremdsprachenportfolio verbindlich eingeführt.

Insbesondere das Instrument des Fremdsprachenportfolios bietet, ohne dass man dieses überstrapazieren sollte, einen Ansatzpunkt für die qualitative Veränderung von Unterricht (Christ 1998; Schneider 1999). In ihm sind die Ziele des *European Framework of Reference* und Methodenansätze zu ihrer Umsetzung eingearbeitet, sodass ein konsequenter Einsatz dieses Instruments positive Auswirkungen auf den Unterricht haben wird. Durch die Selbstevaluation des Lernprozesses der Schüler wird nämlich zugleich indirekt auch der Unterricht der Fachlehrer mit

90

evaluiert, da Schüler konsequenterweise nur das lernen können, was ihnen zuvor im Unterricht angeboten worden ist. Entstehen bei einer Mehrzahl von Schülern Lücken in der Fremdsprachenbiografie, so wird zu fragen sein, wie diese zu erklären sind.

So gesehen kann das Fremdsprachenportfolio nicht nur ein Instrument zur Veränderung von Unterricht, sondern auch eine Maßnahme für die Qualitätssicherung sein.

Es wäre allerdings wünschenswert, wenn, wie dies auch an anderen Stellen des Schulversuchs erkennbar wurde, das Kultusministerium auf die sich andeutenden qualitativen Veränderungen im Fremdsprachenunterricht in einer unterstützenden Weise reagieren würde. Dies gilt insbesondere für die Frage der Leistungsbewertung, ihrer Kriterien und Methoden. Es ist wenig sinnvoll, Unterricht verändern zu wollen, wenn dies nicht in den staatlichen Benotungssystemen seinen Niederschlag findet. Es würde auf vielen Seiten, insbesondere bei den Schülern, kaum auf die entsprechende Resonanz stoßen.

An dieser Stelle kann bislang nur von Konzepten gesprochen werden, da zum gegenwärtigen Zeitpunkt nur die ersten Schritte zur Umsetzung eingeleitet werden konnten. Insgesamt ist dieser Schulentwicklungsprozess auf mindestens 4 Jahre angelegt. Diese Zeit muss man sich auch nehmen, damit unnötige Fehler und Frustrationen durch überhastete Schritte und Überforderung der Beteiligten vermieden werden können.

Stufenprofile und Lernstände am Ende der Klasse 4: Was haben die Kinder im Englischunterricht gelernt?[*]

Michael K. Legutke

1   „Englisch ab Klasse 1": Der Kontext

Mit dem Jahrgang 1994/95 begann an der Freiherr-vom-Stein-Schule in Gladenbach (Hessen) der Englischunterricht in Klasse 1. Die Lehrkräfte konnten damals bereits auf umfangreiche Erfahrungen zurückgreifen, die sie mit dem ersten hessischen Schulversuch „Englisch ab Klasse 3" gemacht hatten. Im Sommer 1998 schlossen drei Klassen der Jahrgangsstufe 4 den ersten Durchgang des Projekts ab. Insgesamt nahmen zu diesem Zeitpunkt jeweils 4 Klassen der Jahrgangsstufen 1, 2 und 3, also insgesamt 15 Klassen, an diesem erweiterten Schulversuch teil. In den ersten beiden Schuljahren steht für das Lernen der fremden Sprache eine Stunde zur Verfügung, die jede erste und zweite Klasse zusätzlich erhält. Der Unterricht erfolgt in der Regel in einer längeren Sequenz von 25 Minuten und in mehreren Kurzsequenzen verteilt über die Woche. Während dieser Einstiegsphase (2 Jahre) liegt das Englischlernen in der Hand der Klassenlehrer, während in den Jahrgangsstufen 3 und 4 vom Klassenlehrerprinzip abgewichen werden kann. Der Unterricht wird entweder von sprachlich und fachdidaktisch vorgebildeten Lehrkräften erteilt, die ihre Arbeit in enger Abstimmung mit den Klassenlehrern organisieren, oder er wird weiterhin von diesen übernommen, sofern sie sich in der Lage fühlen, den Anforderungen der 3. und 4. Klassen gerecht zu werden bzw. sofern sie über die nötigen Qualifikationen verfügen, die entweder von einer grundständigen Ausbildung stammen oder durch zusätzliche Fortbildung erworben wurden. Dem Englischunterricht stehen, wie schon im ersten hessischen Schulversuch, 2 Stunden innerhalb der regulären Stundentafel zur Verfügung, die je nach organisatorischen Möglichkeiten auf kürzere Einheiten von ca. 30 Minuten aufgeteilt werden können.

---

[*] Eine erste Fassung dieses Beitrags erschien unter dem Titel: „Fremdsprache in der Grundschule. Brennpunkt Weiterführung" (Legutke 2000). Wir danken dem Verlag Gunter Narr für die freundliche Genehmigung zum Nachdruck.

92

Im Schulversuch „Englisch ab Klasse 1" wurde von den Lehr-kräften ein Grundcurriculum erarbeitet, das den Rahmen für einen ergebnisorientierten Unterricht absteckt und dem systematischen Aufbau fremdsprachlicher Handlungsfähigkeit die Orientierung gibt. Die Lehrkräfte legen dabei besonderen Wert auf klare Zielsetzungen, auf eine verbindliche Festlegung von Themen, Inhalten und sprachlichen Mitteln. Konsens wurde auch hergestellt bezüglich der handlungsleitenden Prinzipien, welche die methodischen Entscheidungen der Lehrkräfte leiten sollen. Es handelt sich um Prinzipien von Wiederholung in kleinen Lernschritten, weitestgehender Einsprachigkeit des Unterrichts, wechselnder Zugänge bzw. Methoden, Anschaulichkeit und Handlungsbezug sowie Wiederholung und Differenzierung. Diese Prinzipien wurden in vielen internen Besprechungen, Fachkonferenzen und Sprachentagen mit internationaler Beteiligung aus anderen vergleichbaren europäischen Projekten erörtert und in Bezug auf die jeweiligen Jahrgangsstufen konkretisiert. Besonders hervorgehoben werden muss, dass Kinder in zahlreichen Kontakten durch Korrespondenzen und Begegnungen die fremde Sprache als Brücke zu anderen Menschen erfahren und so die Grenzen und Möglichkeiten im kommunikativen Sprachgebrauch erkunden können. Entsprechend dem Profil einer Europaschule unterhält die Freiherr-vom-Stein-Schule regelmäßige Kontakte mit verschiedenen englischen Grundschulen, aber auch mit Schulen in Tschechien, Russland, Italien, Finnland und mit US-amerikanischen Schulen sowohl in der Gießener Region als in den USA (vgl. die Beiträge von Edith Jacobs und Karin Drese). Klassenkorrespondenz als integraler Bestandteil des Englischunterrichts der Grundschule wird folglich nicht nur mit englischsprachigen Kindern geführt.

2 Sprachstandsermittlung: Verfahren und Ergebnisse

Mit dem Schuljahr 1997/98 erreichten die ersten drei Jahrgangsgruppen die Klasse 4. Damit stand die Frage der Anschlussfähigkeit des Programms an den bisherigen Englischunterricht der Förderstufe zur Debatte. Schulleitung und Lehrkräfte der Grundschule und Förderstufe kamen überein, in Zusammenarbeit mit der Universität Gießen und dem Deutschen Institut für Internationale Pädagogische Forschung (DIPF) eine Sprachstandsermittlung durchzuführen. Erwartet wurde, dass davon über die Informationen hinaus, die das Rahmencurriculum und verschiedene wechselseitige Unterrichtsbesuche vermittelten, für die beteiligten Lehrkräfte zusätzliche Orientierung gewonnen werden konnte. Die Grundschullehrkräfte erhofften sich einmal die Bestätigung des Geleisteten, aber auch Anregungen für mögliche Veränderungen, auf jeden Fall Anstöße, das Pilotprojekt unter Leistungsaspekten neu zu reflektieren. Vor allem erwarteten sie, dass die Ergebnisse ihnen dabei helfen würden, die Stufenprofile genau zu beschreiben, was ihre Kinder am Ende der Klasse 4 können sollen.

Die Lehrkräfte der Förderstufe wollten wissen, mit welchen sprachlichen Voraussetzungen sie in Wirklichkeit zu rechnen hätten. Da zu diesem Zeitpunkt das seit Jahren praktizierte Differenzierungsmodell, nämlich die Kinder nach einem halben Jahr Englisch in Klasse 5 nach A-, B- und C-Kursen neu zu gruppieren, nicht in Frage gestellt war, bestand die Befürchtung, dass die Lernstandsfeststellung eine Vorverlegung dieser Einstufung zur Folge haben bzw. spätere Entscheidungen präjudizieren könnte. Aus diesem Grund sollten keine individuellen Leistungen getestet und bewertet, sondern nur allgemeine Trends und Durchschnittswerte ermittelt werden. Die Frage nach der Anschlussfähigkeit des Pilotprojekts wurde zusätzlich dadurch kompliziert, dass alle anderen zugeordneten Grundschulen Englisch erst ab Klasse 3 unterrichten. Es war demnach zu erörtern und zu entscheiden, ob wie bisher alle Schüler zu neuen Lerngruppen gemischt werden oder aber für Kinder des Pilotprojekts eigene Klassen gebildet werden sollten.

Die geplante Sprachstandsermittlung wurde durch eine fachliche Absprache über Methoden und Inhalte mit den Englischlehrkräften vorbereitet, wobei die Aufmerksamkeit vor allem den für den Hamburger Schulversuch entwickelten und diskutierten Verfahren sowie den Hörverstehenstests von Doyé galt (Kahl und Knebler 1996; Amt für Schule 1997; Doyé und Lüttge 1977; Doyé 1997). Auf der Basis dieser Vorlagen und unter Berücksichtigung des Rahmencurriculums sowie der spezifischen Unterrichtskultur und -methoden in Gladenbach wurden Eckdaten für ein mehrteiliges Erhebungsset verabredet, das von der Universität Gießen konkretisiert und vorgetestet wurde. Die einzelnen Aufgaben waren und sind den Lehrern in Gladenbach nicht bekannt, schon um ein systematisches Vorarbeiten zu vermeiden. Die Sprachstandsermittlung ist insgesamt als Pilotprojekt, als erster Durchgang, anzusehen. Die einzelnen Teile werden aufgrund der Erfahrungen und weiterer Diskussionen über die Reichweite solcher Sprachstandsermittlungen inhaltliche und methodische Optimierungen erfahren. Im Frühsommer 2001 wird eine erheblich ausgeweitete Studie durchgeführt, die alle 4. Klassen des gesamten Schulverbands erfasst (ca. 350 Schüler in 13 Klassen).

Die Erhebung selbst bestand aus zwei getrennten Teilen. In einem ersten Teil, der das Hörverstehen fokussierte, wurden einzelne Hörverstehensaufgaben individuell bearbeitet. Der zweite Teil hatte den Zusammenhang von Hörverstehen und Sprachproduktion zum Zentrum. Die Schüler handelten hier in kleinen Gruppen von 5 bis 8 Teilnehmern. Die beiden Teile wurden an zwei verschiedenen Schultagen je

94

zweistündig von einem Team der Universität Gießen durchgeführt, also nicht von den den Kindern vertrauten Lehrkräften. Die Ergebnisse schließlich waren Gegenstand einer Fachkonferenz und einer öffentlichen Veranstaltung, zu der die Eltern der Schüler der Grundschule und der weiterführenden Schulen eingeladen waren.

2.1 Hörverstehen

Zur Feststellung der Hörverstehensleistungen erhielten die Kinder drei Teilaufgaben, für deren Bearbeitung insgesamt eine Schulstunde zur Verfügung stand. Die Klassen wurden geteilt, sodass jeweils ca. 12 Kinder in den ihnen vertrauten Klassenräumen mit den fremden Sprechern zusammentrafen.

Multiple-Choice-Verfahren

Die Kinder hörten 18 Sätze und mussten jeden Satz nach dem Hören einem von vier Bildern zuordnen. Dieser Teil des Erhebungssets war eine für Gladenbach adaptierte Version des von Doyé in Fortführung der bekannten LEU-Tests aus den Siebzigerjahren für die Europaschulen in Berlin entwickelten Materials (Doyé und Lüttge 1977; Doyé 1997). Die 18 Sätze berücksichtigen stichprobenartig unterschiedliche Wortfelder und einige Strukturen des Rahmencurriculums. Während einige der Aufgaben von den Kindern problemlos gelöst wurden, zeigten sich bei anderen Aufgaben zwischen den Klassen erhebliche Streuungen.

Bildfolge Nr. 8

It's eleven o'clock.
Ergebnis: richtig 19 von 20 Schülern (Gruppe A), 24 von 24 Schülern (Gruppe B) und 19 von 19 Schülern (Gruppe C).

Bildfolge Nr. 15

He is knocking on the door.
Ergebnis: richtig 9 Schüler von 20 (Gruppe A), 15 Schüler von 24 (Gruppe B) und 15 Schüler von 19 (Gruppe C).

Betrachtet man alle Gruppen zusammen und errechnet ein Gesamtergebnis für diese Teilaufgabe, dann ergibt sich folgendes Bild:
- 24 von 63 Schülern, d. h. 41 %, erreichten 14 und mehr von 18 möglichen Punkten (d. h. 80 % und mehr der Höchstpunktzahl).
- 50 von 63 Schülern, d. h. 79 %, erreichten 12 und mehr Punkte (d. h. 66 % und mehr der Höchstpunktzahl).

Maldiktat

Der zweiten Teilaufgabe lag ein Arbeitsblatt zugrunde, das schematisch Einrichtungsgegenstände eines Kinderzimmers enthielt. Die Kinder sollten nach Anweisung bestimmte Gegenstände in unterschiedlichen Farben zeichnen und diese im Raum positionieren. Geprüft wurden die Wortfelder Spielsachen, Möbel und Farben sowie die Fähigkeit, Positionsangaben zu verstehen. So lauteten einige der Anweisungssätze:
- *There is a red car under the table.*
- *There are two balls in the box. One ball is yellow, the other one is blue.*
- *There is a doll in front of the box. She's got red hair.*

Diese Teilaufgabe wurde insgesamt sehr gut gelöst: 55 von 63 Schülern, d. h. 84 %, erreichten 12 und mehr von 14,5 möglichen Punkten. Nur zwei Schüler haben weniger als 10 Punkte geschafft.

Action story

Für die dritte Teilaufgabe wurde eine adaptierte Aktionsgeschichte aus der Sammlung *Do and Understand* (Gerngroß und Puchta 1996) bearbeitet. Die Schüler hörten zunächst eine Geschichte, die der Leiter bzw. die Leiterin, unterstützt durch einige mimisch-gestische Signale, vorlas. Die Kinder betrachteten nun eine Sammlung von 15 Bildern, die sie beim zweiten Hören in eine der Geschichte entsprechenden Reihenfolge brachten. Um auszuschließen, dass die Kinder die Geschichte nach Bildimpulsen ohne Berücksichtigung des Gehörten konstruierten, wurden drei Bilder in die Vorlage übernommen, die im Rahmen der Geschichte durchaus sinnvolle Situationen zeigten, aber nicht erwähnt wurden. Das besondere Interesse galt neben der Rekonstruktion der Geschichte dem Verstehen von Aktionsverben:

- *A little mouse comes out of her hole.*
- *She looks around.*
- *The cupboard is open.*
- *She climbs into the cupboard.*
- ...

Gegen diesen Aufgabenteil wurde in der Vorbesprechung deutliche Kritik geäußert: Die Anzahl von 15 ungeordneten Bildern sei zu hoch angesichts der Tatsache, dass hier fremde Sprecher die Geschichte präsentieren und dass die Zuordnung vom Gehörten zum Bild bereits beim zweiten Vorlesen erfolgen müsse. Auf diesem Hintergrund waren die Ergebnisse besonders überraschend, denn

- 48 von 63 Kindern (= 71 %) haben 90 % der Höchstpunktzahl erreicht;
- nur 10 von 63 Kindern haben 8 oder weniger Punkte von insgesamt 11 möglichen Punkten geschafft.

2.2 Hörverstehen und Sprechen: Gelenkte Interaktion in Gruppen

Die Erfassung des Lernstandes bezüglich der Sprechleistungen erfolgte in Kleingruppen von 6 bis 8 Kindern mit Hilfe einer etwa 20-minütigen Sequenz, bestehend aus vier strukturierten Minisituationen. In Absprache mit den Lehrkräften hatten diese ihre Klassen in drei Teilgruppen nach folgenden Kriterien aufgeteilt: 1. Kinder, deren Sprechleistung eher höher, und 2. Kinder, deren Sprechleistung eher niedriger eingeschätzt wurde, sowie 3. die verbleibenden Kinder (Restgruppe). Diese Aufteilung erfolgte mit dem Ziel, Aussagen zu den möglichen Unterschieden zwischen den Gruppen 1 und 2 machen zu können. Die Sequenzen wurden, nach einer kurzen Einführung in deutscher Sprache, konsequent in der Zielsprache realisiert (d. h. inszeniert und gesteuert), womit sich die Erwartung verband, Erkenntnisse zu gewinnen, wie die einzelnen Gruppen mit den Anforderungen umgingen und welche Lösungsstrategien benutzt wurden. Folgende Elemente bildeten die Sequenz:

- Eine Aufwärmsituation: Kinder beantworten einfache Fragen zu Person, Uhrzeit, Wetter usw.
- Ein situations- und impulsgesteuertes Rollenspiel: Kinder nehmen an einem Radioprogramm teil, stellen sich vor und befragen die anderen Teilnehmer zu Hobbys, Vorlieben, Familie, Haustieren usw. (einfache Satzmuster und Fragebildung).
- Ein gegenstandsgesteuertes Ratespiel: *Guess what?* Schüler raten, welche Gegenstände sich möglicherweise in einem mitgebrachten Schulranzen befinden (Wortschatzbereich Schulsachen).
- Eine bildgesteuerte Aufgabe: *What's wrong?* Die Kinder versprachlichen ein großes Bild, auf dem vieles falsch ist. Sie antworten auf die Frage *What's wrong?*: Ein Wohnzimmer mit Badewanne, in dem ein Elefant steht, ein Junge schreibt mit einer Banane, dem Hund fehlt ein Ohr, dem Fernsehtisch fehlen zwei oder drei Beine (je nach Perspektive), in den Zimmerpflanzen wachsen Buntstifte usw. (Idee aus: Amt für Schule 1997, 38).

Alle Gruppensituationen wurden auf Video und Tonträger aufgezeichnet, transkribiert und ausgewertet. Im Folgenden sollen einige Ergebnisse dieses Teils der Erhebung vorgestellt und diskutiert werden. Jede Lehrkraft erhielt eine Kopie der Videodokumentation ihrer drei Gruppen. Auf Fachkonferenzen wurden ausgewählte Sequenzen der Videos u. a. zur Diskussion über Leistungskonzepte und Erwartungen an Schüler eingesetzt.

Durchgängig auffällig für alle Teilgruppen waren der hohe Grad von Unbekümmertheit und die Freude am Umgang mit der Sprache. Die Schüler hatten keine Angst, die bisher erworbenen Sprachmittel einzusetzen. Trotz eingeschränkter Möglichkeiten, sprachlich zu reagieren, versuchten sie sich dennoch verständlich zu machen. Einzelne unbekannte Wörter verunsicherten die Kinder nicht. Einfache Fragen wurden in der Regel von allen verstanden. Die Kinder hatten offenbar gelernt, sich auf unterschiedliche (auch unbekannte) Sprecher einzustellen, und wurden von diesen nicht eingeschüchtert. Festzuhalten ist ferner, dass sie trotz deutlich erkennbarer Unterschiede erfreuliche Leistungen in der Prosodie (Lautung, Modulation, Sprachrhythmus) erbrachten. Positiv fiel ferner auf, dass die Kinder über einen recht großen Wortschatz verfügten, den sie situationsbezogen abrufen konnten.

Besondere Bedeutung kommt, das zeigen die Transkriptionen für alle Teilgruppen, der sozialen Komponente als bestimmendem Moment der Lernkultur zu: Die dominant einsprachige Gesprächssituation konnte vor allem auch deshalb aufrechterhalten werden, weil einzelne Schüler immer wieder von Mitschülern ganz selbstverständlich unterstützt wurden. Verstehen und Äußern im Klassenraum sind nicht nur primär individuelle Vorgänge, die im Kopf eines Schülers ablaufen, sondern zugleich auch an die Interaktion mit anderen gebunden und durch Kooperation ermöglicht. Dies soll mit zwei Ausschnitten aus unterschiedlichen Transkripten verdeutlicht werden. Beide beziehen sich auf die Aufgabe *What's wrong?*.

Transkript 1 (TB): *What's wrong?*

[Vier Kinder melden sich.]

T.: Nadine, can you start please.

S_1: The dog has one *Ohr*. Eh, one [zeigt zu ihrem Ohr] ...

S_4: Ear. [Hilfe durch einen anderen Schüler]

S_1: Ear.

T.: Nina.

S_2: The boy [Zögern] has a banana.

S_1: *Schreibt mit der Banane.*

T.: He writes with a banana. Anne –

S_3: It's a(n) elephant in the room.

T.: Bastian –

S_4: The pencil is in the tree.

[...]

Transkript 2 (MKL): *What's wrong?*

[...]

T.: What else is wrong?

[2 Meldungen, ein Schüler zeigt auf die Badewanne]

T.: Try it.

S_3: Wash, wash, wash*wanne*.

S_3: Wash*bade*.

T.: The bathtub. It's called the bathtub.

S_2: Bathtub.

S_2: The banana is in the hands, the boy.

T.: And what is the boy doing?

Ss: Writing.

T.: What else?

S_4: The dog has one, ehm ... ehm.

S_1: One ear.

T.: What else?

[2 Meldungen]

S_1: The girl had a book and the book is [Zeichensprache] eh.

S_2: Verkehrt.

T.:	Upside down.
S₂:	Upside down.
T.:	What else?
S₂:	**[Zögern]**
Ss:	**[zeigen auf den Tisch, 2 Meldungen]**
S₅:	**Table, eh. Table has no four ...**
T.:	**[zeigt auf sein Bein]**
	What is this in English?
S₂:	***Das hatten wir doch mal. Ehm,* leg.**
S₃:	**Leg.**
T.:	Yes, there is one leg missing.
S₅:	*Drei.*
T.:	There are two legs missing.
S₄:	The flower pot on the TV is upside down.

[...]

Neben der sozialen Dimension der Sprechleistungen ist hier noch ein weiterer Aspekt auffällig, der in vielen Transkripten auftaucht, nämlich die „linguistischen Erfindungen" der Kinder; im zweiten Transkript *washwanne* und *washbade*. Andere Beispiele sind *Have you got a blue **Stift**; my **Stief**brother.* Unsere Untersuchungen bestätigen ferner, was auch Kahl und Knebler (1996) feststellen konnten, dass die Kinder über basale Satzstrukturen und Muster verfügen, die sie situationsadäquat einsetzen können: *My name is ..., I've got ..., My hobbies are ..., Have you got ..., How are you?, How old are you?, What's your name?, What's your favourite drink/pop group/food/pet?* Bei spontanen Äußerungen treten häufiger Unsicherheiten auf. Satzmuster werden unvollständig: *Have you <...> brother?; I <...> ten years old; <...> sun is shining.* Erkennbare Schwierigkeiten haben vor allem schwächere Schüler mit der selbstständigen Fragebildung: *My favourite pop group are the Backstreet Boys. And you?* Häufig werden im Eifer des Gefechtes Singular und Pluralformen der Verben verwechselt: *My hobbies is ...* Die entscheidende Frage ist jedoch, wie solche „Fehler" angesichts der kommunikativen Gesamtleistung zu gewichten und zu bewerten sind.

Unsere Untersuchungen bestätigen andere europäische Befunde, die klare Beweise dafür liefern, dass sich die Sprechfähigkeit am langsamsten entwickelt, auch in Ländern, in denen viel Kontakt zur Fremdsprache vorhanden ist (vgl. Blondin et al. 1998). Wenn Schüler kreativ, flüssig und halbwegs genau und differenziert werden sollen, muss ihnen viel Zeit zum Üben und viel Kontakt mit der Sprache zugestanden werden. Es ist deshalb auch nicht verwunderlich, wenn im Bereich der Sprechleistungen die deutlichsten Unterschiede innerhalb der Klassen festgemacht wurden. Die Sprechleistungen sagen jedoch nichts über die Hörverstehensleistungen der Kinder aus.

100

3 Bewertung der Befunde im Brennpunkt Weiterführung

Fasst man die Ergebnisse der Hörverstehensaufgaben für alle Gruppen zusammen, dann ergibt sich ein insgesamt ermutigendes Bild: 18 von 63 Kindern haben 90 % und mehr der Höchstpunktzahl erreicht. 39 von 63 Kindern schafften mindestens 80 % der Höchstpunktzahl. Die meisten Kinder haben die Aufgaben mindestens befriedigend gelöst. Eine weitere positive Beobachtung betrifft die Seiteneinsteiger in Klasse 2 und 3. Die Werte zeigen, dass diese offenbar gut integriert wurden. Wer die Seiteneinsteiger genau sind, woher sie kommen, mit welchen sprachlichen Voraussetzungen sie den Englischunterricht begannen, wurde nicht im Einzelnen geprüft. Es besteht allerdings die Vermutung, dass es sich bei diesen Kindern um solche handelt, für die Englisch zumindest eine zweite Fremdsprache darstellt. Aus anderen europäischen Studien ist bekannt, dass Zweisprachigkeit meist kein Hindernis für Frühbeginn darstellt, sondern sogar einen positiven Einfluss auf die Leistungen der Kinder in der Fremdsprache haben kann (vgl. Blondin et al. 1998). Diese Zusammenhänge müssen bei weiteren Untersuchungen besonders berücksichtigt werden.

Wie zu erwarten, fielen die Ergebnisse der drei Klassen für die Teilaufgaben Hörverstehen deutlich unterschiedlich aus. Es war mit der Fachkonferenz vereinbart worden, dass diese Unterschiede nicht Gegenstand der Analyse sein sollten. Anders als in der Studie von Doyé (1997) wurde deshalb bewusst auf eine Einbeziehung des Faktors Unterricht verzichtet. Auch die Videodokumente weisen trotz weitgehend identischer Arrangements der Situation und Impulse der Leiter Unterschiede für die drei Klassen auf. Auch für diese Unterschiede wurden keine Erklärungen gesucht, d. h., die besonderen Zusammensetzungen der Klasse, die von der Lehrkraft geschaffene Lernumgebung, Unterrichtsmethoden usw. wurden nicht berücksichtigt. Es wurde den Lehrkräften überlassen, mit Hilfe der Videobänder je nach Bedarf im Gespräch mit den anderen Kollegen den Gründen für diese Unterschiede nachzuspüren.

Auf Grund dieser Rahmenbedingungen bietet die Lernstandsermittlung nur generelle Trends, die eine Charakterisierung der Gesamtleistung der Kinder gestattet, aber keine Aussagen über das einzelne Kind macht und keine Rückschlüsse auf den Unterricht zulässt. Darin liegt zugleich eine Schwäche des Verfahrens, das in der Praxis der Weiterführung zu erheblichen Missverständnissen führen kann. Die Ergebnisse müssen deshalb auch im Kontext dieser Rahmenbedingungen gewertet und dürfen nicht überschätzt werden. Obwohl sie keine Aussagen über einzelne Kinder zulassen, liefern sie andererseits Impulse für einen kollegialen Verständigungsprozess, an dessen Ende ein neuer Konsens über das Sprachenkonzept der Schule stehen könnte. Ein Festhalten am Status quo scheint, bei aller notwendigen Relativierung der Ergebnisse, weder aus Sicht der Kinder noch der der Grundschullehrer sowie der Eltern langfristig akzeptabel. Was eine solche Veränderung des Status quo möglicherweise impliziert, soll im Folgenden kurz verdeutlicht werden.

Es versteht sich von selbst, dass die betroffenen Englischlehrkräfte der Grundschule und der Förderstufe (Klassen 5 und 6) u. a. auf einer Fachkonferenz detaillierten Einblick in die Ergebnisse der Lernstandsermittlung erhielten, wobei die Leistungen der Kinder in den gesteuerten Minisituationen durch Videomitschnitte dokumentiert wurden. Das Team der Universität Gießen schloss die Präsentation mit einer Reihe von Thesen/Empfehlungen ab, die zunächst als Anregung für eine weitere Diskussion gedacht waren, aber über den speziellen Kontext hinaus von Interesse sind:

1. Die ermittelten Leistungen sollten Anlass genug sein, die Vorstellung des **Übergangs** von der Grundschule zur Sekundarstufe zu Gunsten eines Konzepts der **Weiterführung** aufzugeben. Denn der Begriff Übergang signalisiert eher den Bruch zwischen zwei unterschiedlichen Bildungseinrichtungen, was bezogen auf Fremdsprachenerwerb häufig mit der falschen Vorstellung einhergeht, dass nach dem lediglich spielerisch-unsystematischen Lernen in der Grundschule in der Sekundarstufe I der richtige, systematische Fremdsprachenunterricht einsetze. Die Leistungen der Kinder in Gladenbach sind deutlicher Ausdruck eines systematischen und ergebnisorientierten Englischunterrichts, den es weiterzuführen gilt.

2. Weiterführung wird dann gelingen, wenn die Lehrkräfte der 5. Klasse sich zunächst als Forscher begreifen, deren Aufgabe es ist, Können zu entdecken und nicht Defizite festzustellen (d. h. Abweichungen von Normen, Fehler). Es geht folglich darum, Anschlusspunkte für Neues zu entdecken und diese als Planungsimpulse für den weiteren Unterricht zu begreifen.

3. Daraus folgt, dass der Englischunterricht in Klasse 5 von Anfang an eine Vielzahl von Möglichkeiten schaffen sollte, die es Kindern gestatten, zu zeigen und unter den neuen Bedingungen zu erfahren, was sie können.

4. Eine Möglichkeit stellt das Aufgreifen von den Kindern bekannten Routinen dar, da solche Routinen nachweislich lernfördernd und stützend sind und zugleich die Sicherheit für das Ausprobieren von Neuem bieten (vgl. Lauerbach 1997). Gemeint ist der Rückgriff auf Unterrichtsroutinen, Lieder, Reime, das Durchspielen vertrauter Minisituationen, der Sitzkreis, das Erzählen von Geschichten usw.

5. Daraus könnte sich ferner ein Ausbau von Bekanntem ergeben, etwa die Differenzierung der Minisituationen und der Beginn der Verschriftlichung.
6. Vom Bekannten und Gekonnten wäre auch der Einstieg ins Lehrwerk denkbar, das man mit den Kindern gemeinsam quer lesen könnte mit dem Auftrag, alle die Dinge zu finden, die man schon kennt – ein interessanter Einstieg ins entdeckende Lesen.
7. Schließlich wurde vorgeschlagen, die Ergebnisse als Anstoß dafür zu nutzen, sich des Leistungskonzepts zu versichern und festzustellen, welche Übereinstimmungen und Differenzen es zwischen den Grundschullehrkräften und denen der Sekundarstufe I gibt und ob bezüglich der Leistungserwartungen an die Kinder ein Konsens erarbeitet werden kann. Dabei könnten feste Tandems von je einer Grundschullehrkraft und einer Lehrkraft der 5./6. Klasse den partnerschaftlichen Rahmen für wechselseitige Besuche und Gespräche bilden.

Der Verständigungsprozess in Gladenbach hat begonnen und ist noch nicht abgeschlossen (siehe die Beiträge von Ulrich Andersch sowie von Christoph Edelhoff und Rolf Römer). Über Ergebnisse kann erst zu einem späteren Zeitpunkt berichtet werden. Zieht man Beobachtungen zu ähnlichen Prozessen hinzu, ist unschwer zu erkennen, dass diese Verständigung ein erhebliches Stück **gemeinsamer Arbeit** erfordert. Nur wenn diese Verständigung gelingt, werden die Kinder die Chance erhalten, die Erträge ihrer Leistungen zu sichern und auszubauen. Wenn Kahl und Knebler ihre Hamburger Untersuchungen zum Englischunterricht in der Grundschule mit der knappen These zusammenfassen: „Über den Erfolg des Frühbeginns entscheidet ganz wesentlich der Unterricht in Klasse 5/6" (Kahl und Knebler 1996, 109), übertragen sie damit die Verantwortung nicht einseitig den Lehrkräften der Sekundarstufe I. Vielmehr meinen sie einen veränderten Unterricht als Ergebnis solcher Verständigung. Die Schwierigkeit besteht darin, dass es mit einer Einigung auf Themenkreise, Grundstrukturen und Wortfelder – so wichtig und unerlässlich solche Abstimmungen sind – nicht getan ist. Gefordert ist zugleich nämlich eine Verständigung über Ziele, Unterrichtsmethoden, über die Gewichtung und Bewertung von Wissensbereichen und Teilfertigkeiten und damit nicht zuletzt über Leistungskonzepte (vgl. Schröder 1999), wie folgende Reaktion auf die Ergebnisse der Gladenbacher Lernstandserhebung verdeutlicht. Zu der durch zahlreiche Videoausschnitte gestützten sozialen Dimension der Verstehens- und Sprechleistungen (die Kinder helfen sich gegenseitig in der einsprachigen Situation zu bestehen) wurde auf Fachtagungen wiederholt angemerkt, dass eine solche Interpretation aus Sicht des Gymnasiums äußerst kritisch zu bewerten sei. Denn die Kinder würden, vereinfacht formuliert, zum Vorsagen erzogen und dabei Leistungsillusionen entwickeln, die notwendigerweise Enttäuschungen nach sich ziehen müssten, wenn überprüfbare Einzelleistungen, die das Gymnasium fordere, nicht erbracht werden könnten.

Die zu bewältigende Aufgabe der Verständigung ist deshalb komplex, weil die Lehrkräfte der Sekundarstufe I ihr über Jahrzehnte praktiziertes Monopol der Gestaltung von Fremdsprachenunterricht in den Klassen 5 und 6 aufgeben und sich auf eine Diskussion über Prinzipien und Zielvorstellungen einlassen müssen. Andererseits sind die Grundschullehrkräfte gefordert, primarschulgerechte Ziele und Unterrichtsverfahren selbstbewusst zu vertreten und von Kindern erbrachte Leistungen zu beschreiben bzw. nachzuweisen. Während Grundschullehrkräfte im Bereich Deutsch, Mathematik und Sachunterricht Leistungen schon immer selbstbewusst formuliert haben, müssen sie sich im Feld des Fremdsprachenerwerbs gegen diejenigen argumentativ durchsetzen, die mit einem falsch verstandenen Begriff der Kindgemäßheit die Leistungsfähigkeit der Kinder verengen und ihre Entfaltungsmöglichkeiten einschränken, indem sie ihnen einen ergebnisorientierten Fremdsprachenunterricht vorenthalten (zur Auseinandersetzung mit dem Begriff der Kindgemäßheit vgl. Kubanek-German 2000). Die Lernstandsfeststellung in Gladenbach zeigt in beeindruckender Weise, zu welchen Leistungen Kinder in der Grundschule in der Lage sind.

Erschwert wird eine Fortführung außerdem dann, wenn die Lehrkräfte in den ersten Monaten der Weiterführung sofort unter dem Zwang stehen, nach einem halben Jahr eine äußere Differenzierung der Lerngruppen vorzunehmen, die in der Regel durch schriftliche Testleistungen und nicht nur die Fertigkeit des Sprechens und schon gar nicht durch Hörverstehensleistungen begründet wird.

4 Perspektiven

Die Anmerkungen zur Gladenbacher Lernstandsermittlung machen deutlich, dass für weitere vergleichbare Untersuchungen das Instrumentarium optimiert werden muss, damit über allgemeine Trends hinaus der Heterogenität der Lerngruppen und der mitgebrachten Mehrsprachigkeit ihrer Mitglieder, aber auch dem Faktor Unterricht Rechnung getragen werden kann. Doch selbst optimierte Lernstandsfeststellungen lösen die Frage der Weiterführung nicht, auch wenn sie einen entscheidenden Beitrag zu einem komplexen Prozess der Verständigung zwischen den betroffenen Lehrkräften leisten. Damit diese Verständigung zu verlässlichen, curricularen und unterrichtsrelevanten Entscheidungen führt, bedarf es weiterer Momente. Eines dieser Momente wäre ein Beitrag der Kinder selbst. Neuere Untersuchungen zu metakognitiven und strategischen Leistungen auch von Grundschulkindern im fremdsprachlichen Unterricht (vgl. Blondin et al. 1998; De Leeuw 1997 a, b) liefern zusätzliche Argumente für die vom Europarat auf den Weg gebrachte Initiative eines Portfolio für Sprachen. Gemeint ist eine von jedem Lernenden angelegte Sammlung von Dokumenten, die Auskunft über die Sprachenbiografie gibt, einen Überblick über Fertigkeiten und Kompetenzen in den jeweiligen Sprachen liefert und schließlich ein Dossier persönlicher Arbeiten enthält (vgl. Christ 1998). Es ist deshalb auch nur konsequent, dass sich die Grundschullehrkräfte der Projektschule entschlossen haben, an der Entwicklung und Erprobung eines Portfolio für Sprachen an hessischen Grundschulen mitzuarbeiten. Sie lassen sich von der Überzeugung leiten, dass die Grundschulkinder, wenn sie ein solches Portfolio als Teil des Sprachprozesses anlegen, aus ihrer Perspektive und mit ihren Dokumenten zum Verständigungsprozess über die Weiterführung des Gelernten beitragen: durch illustrierte Wortfelder, auf Band gesprochene Geschichten und Reime, durch gesungene Lieder, durch personalisierte Checklisten von Wörtern und Redemitteln usw. (Legutke 2001). Das Portfolio der Grundschulkinder findet in Gladenbach seine Fortführung darin, dass die Fachschaft Englisch die Einführung des Europäischen Portfolios für Sprachen für die Sekundarstufe I beschlossen hat (vgl. Beitrag von Siegfried Seyler).

Das Projekt Gladenbach ist in mehrfacher Hinsicht ermutigend, nicht zuletzt, weil es als Regionalprojekt die Notwendigkeit regionaler Lösungen demonstriert. Es zeigt, wie die großen Perspektiven nur auf der Mikroebene der schulischen Programme, ihrer Vernetzung im Diskurs mit den beteiligten Lehrkräften und in der Gestaltung des Unterrichts Bedeutung gewinnen. Zugleich werden auf dieser Ebene Herausforderungen deutlich, die es in Zukunft anzunehmen und zu bewältigen gilt. Denn alle Bemühungen um die Weiterführung des Frühbeginns sind nichts als die Quadratur des Kreises, wenn die Regionen und Schulverbände weiterhin unverbundenen Flickenteppichen mit vielen Löchern gleichen, wenn keine verbindlichen, flächendeckenden oder vernetzten Angebote geschaffen werden, die ein neu durchdachtes Sprachenkonzept verdeutlichen. Wenn in Klasse 5 weiterhin Kinder mit und ohne Frühbeginn, mit ergebnisorientiertem Unterricht und unverbindlichen Schnupperkursen zusammentreffen, wird die konstitutive Heterogenität der Lerngruppen in unverantwortlicher Weise so potenziert, dass das Festhalten am Status quo aus Sicht der Kinder, der Eltern und der Lehrkräfte vorzuziehen wäre. Vernetzte, regionale Lösungen werden nicht nur dazu beitragen, dass Sprachkonzepte neu durchdacht, sondern auch Sprachenfolgen neu geordnet werden, denn klare Regionalkonzepte sind u. a. eine entscheidende Voraussetzung für den frühen Einstieg in andere Sprachen als Englisch. Das Gladenbacher Projekt kann aus diesem Grund auch als ermutigender Anstoß zu weiteren Einzelfällen gelesen werden – mit anderen Sprachenfolgen und anderen Einstiegssprachen.

Und schließlich muss auf dem Hintergrund der Gladenbacher Erfahrungen betont werden, dass das Engagement der Schule und der Lehrer für die Realisierung solch innovativer, regionaler Konzepte der systematischen Begleitung durch die Lehrerfortbildung bedarf. Auch sie ist gefordert, sich aus den Sphären der großen Perspektiven und der überregionalen punktuellen Angebote in die weitaus produktiveren, wenn auch schwierigeren Niederungen der konkreten Projekte zu begeben und dort langfristig und verbindlich an Innovation teilzunehmen.

Schulentwicklung und Lehrerfortbildung: Unterstützung für die Fachkonferenz Englisch in Gladenbach

Christoph Edelhoff und Rolf Römer

Der Bezugs- und Handlungsrahmen: Schulentwicklung und Evaluation

In der deutschen Schullandschaft vollziehen sich derzeit – noch weitgehend unbeobachtet von der Öffentlichkeit – dramatische Veränderungen: Internationale und nationale Vergleichsuntersuchungen wie TIMMS oder PISA* konnten anfangs noch als Versuche staatlicher Einrichtungen interpretiert werden, die Leistungen deutscher Schulen von außen zu erheben, um dann gegebenenfalls Veränderungen bei Lehrkräften zu veranlassen oder auch Einschränkungen ihrer vermeintlich falsch genutzten pädagogischen Freiheit zu verfügen. Dabei überrascht, wie wenig Widerstand sowohl bei Lehrerorganisationen als auch in den Lehrerzimmern gegen diese Untersuchungen festzustellen ist. Inzwischen mehren sich die Hinweise, dass sich Lehrkräfte in zunehmendem Maße freiwillig einer Bewertung ihrer Arbeit unterziehen wollen und Überprüfungsmaßnahmen als Teil ihrer beruflichen Weiterentwicklung verstehen. Lehrerkollegien bewerben sich in einer so großen Zahl um Außenevaluationen, dass die Nachfrage nicht gedeckt werden kann. Eine Ursache für diesen Schub mag darin liegen, dass Lehrerarbeit und Ergebnisse von Schulen zwar überall Thema im Supermarkt des Ortes oder bei den Festen und Feiern der Schüler und ihrer Eltern sind, dass Lehrkräfte die Widerspiegelungen ihrer Arbeit aber nur selektiv wahrnehmen. So geartete Rückmeldungen auf schulische Arbeit, Lernen und Leisten werden oft als Beschwerden und Angriff auf die pädagogische Freiheit empfunden und als unsystematisch und unfair eingestuft; sie sind deshalb für professionelle Rückmeldeprozesse wenig geeignet.

Die beamtenrechtlichen Rahmenbedingungen für den Lehrberuf mit ihren formalen, aber kaum inhaltlichen Anforderungen tun ein Übriges: mit der Folge, dass Korrektur und Weiterentwicklung weitge-

---

* TIMMS: die dritte internationale Mathematik- und Naturwissenschaften-Studie
PISA: Programme for International Student Achievement

hend unterbleiben. Dennoch hat der anstrengende Lehrbetrieb gravierende Auswirkungen, wie Supervisionsangebote für erschöpfte, durchaus engagierte Lehrergruppen und ein starker Anstieg von Frühpensionierungen zeigen.

In Hessen verlangt das Schulgesetz Selbstevaluation als Teil der Arbeit am Schulprogramm. Formen der Außenevaluation sind möglich, aber nicht verpflichtend. Zahlreiche hessische Schulen nahmen deshalb das Angebot des Projekts „Schulentwicklung und Lehrerarbeit" des Deutschen Instituts für Internationale Pädagogische Forschung (DIPF) zu einer Untersuchung ihrer Arbeitsplatzbedingungen an (Döbrich, Platz und Trierscheidt 1999). Ein weiterer Ansatz, mit dem in den letzten Jahren schulinterne Evaluation mit Hilfe von außen unterstützt wurde, wurde im *Peer support*-Projekt des Hessischen Instituts für Lehrerfortbildung (HILF), seit 1999 Hessisches Landesinstitut für Pädagogik (HeLP), mit der Methode der kollegialen Schulrecherche entwickelt, indem sich Schulen eine Woche lang einer kollegialen Evaluation ihres inneren Schulbetriebs und ihres Umfelds unterziehen (Edelhoff 1999). Voraussetzung war in jedem Fall eine bewusste Entscheidung eines Kollegiums, mit Hilfestellung von außen Daten und Informationen über die eigene Situation zu gewinnen um damit die Qualität der Arbeit zu verbessern. Schulen bekommen auf diese Weise die Sicherheit, nicht in einem Ranking-Verfahren bloßgestellt zu werden, und können im Vertrauen auf die mit ihnen ausgehandelte Verfahrensweise selbstbestimmt Stärken und Schwächen wahrnehmen und entsprechende Maßnahmen verbindlich verabreden.

In diesen Rahmen gehört auch das ursprünglich schottische Modell der Verschränkung von Selbst- und Außenevaluation unter dem Stichwort *How good is our school?*, auf dem Kontakte der Schulaufsicht und Schulen des Schwalm-Eder-Kreises mit dem Schulaufsichtsbezirk North-Lanarkshire bei Glasgow beruhen (Stern und Döbrich 1999). Unterstützt durch das Hessische Kultusministerium und das DIPF werden Formen der Widerspiegelung der Schularbeit erfahrbar: Wenn Schulen Rückmeldungen über ihre Arbeit bekommen, die sie als fair und hilfreich empfinden, dann sind sie auch in der Lage, ihre Qualitätsentwicklung und -sicherung selbst zu planen. Qualität gerade im schulischen Bereich ist nicht durch fremdbestimmenden Auftrag, sondern nur durch das gemeinsame Wollen zu erreichen. Die zunehmende Bereitschaft der Schulen zu (selbst-)kritischer Analyse, zum Formulieren eigener Ziele in größerer Selbstständigkeit begründet die Chance professionellen Wachstums. Allerdings muss mit dieser Bereitschaft sensibel umgegangen werden, wenn daraus innovative Kraft gewonnen werden soll. Die Begleitung der Fachkonferenz Englisch in Gladenbach beinhaltet Elemente eines solchen Prozesses.

Ausgangspunkt: Europa-Schule im Aufbruch

Im Sommer 1998 beendete die Grundstufe der Gladenbacher Schule den ersten Durchgang ihres Modellversuchs mit Englisch ab dem 1. Schuljahr. Eine Lernstandserhebung am Ende der Klasse 4 übertraf durchaus die Erwartungen, akzentuierte aber Fragen nach der Weiterführung in den folgenden 5 Schuljahren und der Gestaltung des Fremdsprachencurriculums in der Mittel- und Oberstufe der eigenen Schule (siehe den Beitrag von Michael Legutke). Auch der Bericht der wissenschaftlichen Begleitung durch das DIPF verwies auf diesen Problemkreis (siehe Beitrag von Christoph Kodron).

Für die Europaschule mit den Klassenstufen 1 bis 13 und mit besonderen Programmen fächerübergreifender europäischer Themen sowie vielfältigen Erfahrungen mit internationalen Begegnungen ergab sich die Chance der Entwicklung eines Gesamtcurriculums, d. h. der Gewinnung von Hinweisen für die Um- und Ausgestaltung des Fremdsprachencurriculums bis zum Abitur auf experimentellem Wege, mit den Entwicklungsschwerpunkten:
— früher Fremdsprachenbeginn
— veränderte Art, Abfolge und Andauer von weiteren Sprachlehrgängen
— bilingualer Unterricht
— Qualitätsentwicklung und Ausrichtung am *Common European Framework* (Council of Europe 1996) und den damit verbundenen Qualitätssicherungsverfahren (Portfolio-Entwicklung) (Council of Europe 1997; Landesministerium für Schule und Weiterbildung 2001)
— grundlegende methodische Erneuerung des Unterrichts auf kommunikativer Basis

Zugleich wurden aber auch Probleme sichtbar. Eine solche Schule mit Lehrkräften aller Schulstufen und -formen verfügt über ein gewachsenes Kollegium, das das gesamte Schulwesen widerspiegelt, d. h.
— Schulformbindung,
— Ausbildungsherkunft und Prägung durch eine eher traditionelle Sprachunterrichtung,
— Heterogenität der Schülerschaft und geringe Entwicklung innerer Differenzierung,
— Ausrichtung des Unterrichts im „faktischen Curriculum" nach herkömmlichen Lehrwerken, die wenig geeignet sind, die Probleme lösen zu helfen.
Die Probleme bündeln sich in unterschiedlichen Leistungskonzepten der in dieser kooperativen Gesamtschule nebeneinander bestehenden Schulstufen und Schulformen und ihrer Vertreter. Gerade in diesem

Feld sind Grenzüberschreitungen und die Veränderung von Unterrichtsgewohnheiten schwierig, weil sie langjährig gewachsene Einstellungen
und Routinen als Kerne des beruflichen Selbstverständnisses von Lehrkräften berühren.

Entwicklungskonzepte können deshalb nicht punktuell auf der Erscheinungsebene, also zum Beispiel bei einem fachlichen Brennpunkt,
ansetzen, sondern betreffen die Schule als Ganzes und die Beiträge der
einzelnen Fächer zum (Gesamt-)Schulprogramm. Gerade in diesem Bereich hat der Fremdsprachenunterricht dieser Europaschule mit ihren
umfangreichen Austausch- und Partnerschaftserfahrungen einen besonderen Ansatzpunkt, doch scheinen diese als außerunterrichtliche Aktivitäten mit dem Unterricht in Fremdsprachen nur indirekt in Beziehung
zu stehen. Darüber hinaus handelt es sich um Probleme, die sich aus der
Anforderung an Kooperation und Teamarbeit über Schulstufen- und
Schulformgrenzen hinweg ergeben. Hier war die Schule offensichtlich
auf sich gestellt und die Rolle der Schulaufsicht durch Zurückhaltung
gekennzeichnet.

Fortbildungsbedarf und Fortbildungsbedürfnisse

Trotz umfangreicher Fortbildungsangebote des HILF (HeLP) auf
Landes- und regionaler Ebene war der aus der Problemlage entstehende
Fortbildungsbedarf weder qualitativ noch quantitativ zu decken. Vielmehr erwies sich die Notwendigkeit schulinterner Fortbildung, die auf
das Entwicklungsvorhaben und alle Lehrkräfte konkret zu beziehen
war. Darüber hinaus bestand die Notwendigkeit, die Entwicklung des
Fachbereichs auf die innere Schulentwicklung insgesamt zu beziehen
(„Der Beitrag des Faches zum Schulprogramm", Edelhoff 1998).

Fortbildungsbedarf war deshalb in verschiedenen Bereichen zu
formulieren:

(a) allgemein

− Stufen- und Schulformbindung in produktiver Beziehung zu schulstufen- und schulformübergreifender Kooperation
− Fortbildung für Zusammenarbeit (gemeinsame Konferenzarbeit,
  peer support, Hospitation, *team teaching*)

(b) fachspezifisch

− Entwicklung eines (sprachlichen) Gesamtcurriculums (Module/Bausteine anstatt geschlossener Lehrgänge)
− Gewinnung von gemeinsam getragenen Grundsätzen/Prinzipien (1)
  des kommunikativen Curriculums, (2) der Vermittlung (Lehrmetho

110

de) und (3) des Methodenlernens der Schüler *(strategic language and communication skills)*
- Modernisierung des Unterrichtsrepertoires in Hinsicht auf die Prinzipien kommunikativen Fremdsprachenunterrichts (*authentic – meaningful – challenging;* Edelhoff, 2001)
- Modernisierung der Unterrichtsmaterialien und Abstimmung zwischen den Schulstufen und Schulformen
- schulform- und schulstufenübergreifende Entwicklung von gemeinsamen Kriterien der Unterrichtsevaluation und des Korrekturverhaltens

Entwicklung eines Fortbildungskonzepts

Aus dem analysierten Bedarf und den individuellen Lehrerbedürfnissen war in einem praktischen Aushandlungsprozess ein schulinternes Fortbildungsvorhaben mit dem Ziel eines Konsenses zu entwickeln, das sowohl die innerschulische Erkenntnis- und Beziehungslage als auch die von außen herangetragenen/erbetenen Fortbildungsinhalte und -angebote zum Ausbau professioneller Verhaltensweisen (*peer review* und *reflective practitioner*) zu berücksichtigen hatte.

Auf der Grundlage dieser Überlegungen entstand in mehreren Fachgesprächen mit der Schulleitung und Vertretern der Fachkonferenz ein Fortbildungsvorhaben als Vereinbarung zwischen dem Außenmoderator des Landesinstituts, einem *critical friend* als distanziert zugewandtem Beobachter und der Schule, die im Folgenden in Auszügen dokumentiert wird.

Pädagogisches Institut Nord im HeLP, Arbeitsstelle 1
Sprachliche Bildung (Edelhoff, Römer)

Qualitätsentwicklung und -sicherung im Bereich Englisch in der Grundschule (Schulversuch Englisch ab 1. Schuljahr)/Sekundarstufe I an der Europaschule Gladenbach

Wie in den Besprechungen mit den Vertretern der Europaschule Gladenbach und dem Hessischen Kultusministerium vereinbart, unterbreiten wir der Fachkonferenz Englisch der Europaschule ein Angebot zur Unterstützung der Schulentwicklung und schulinternen Fortbildung im Bereich des Englischunterrichts ab 1. Schuljahr/Sekundarstufe I (Inhalte, Methoden, Organisation, Weiterführung, Evaluation).

Angebot

Wir schlagen – zunächst für das Schuljahr 1999/2000 – eine Serie von vier bis sechs schulinternen Fachtagen/Intensivseminaren vor, die ganztägig (jeweils von 10.30 Uhr bis 16.30 Uhr) mit Beteiligung von fachdidaktischen und schulpraktischen Fachleuten unter unserer Moderation stattfinden sollen und Einzelthemen aus den folgenden Inhalts- und Themenbereichen behandeln:

1. Ziele und Verfahren des Englischunterrichts ab dem 1. Schuljahr
2. Ergebnisse des EU in der Grundschule (Jahrgangsstufen 1 bis 4); Ist und Soll; wiss. Begleitung, Konzeptionen der Förderstufe und Sekundarstufe I; Weiterführung
3. Ziele und Verfahren des EU in den Jahrgangsstufen 5/6 (Förderstufe)
4. Prozesse der Selbstbeurteilung *(self-assessment)* und der Evaluation/Ergebnissicherung im Portfolio (Europarat) und im Kontext von Klassenarbeiten und Tests
5. Gesamtaufbau des EU in der Sekundarstufe, u. a. mit Blick auf Sach-/Fachunterricht in der Fremdsprache (sog. bilingualer Unterricht)

Die Einzelthemen der Intensivseminare sollen aus diesen Themenfeldern gewonnen und in einem gemeinsamem Arbeitsplan vereinbart werden.

Leitende Zielvorstellung ist dabei, den aktiven Beitrag des Englischunterrichts zum Europaschulgedanken, unter besonderer Berücksichtigung der Weiterführung des Fremdsprachenunterrichts von der Grundschule zur Sekundarstufe I, näher zu bestimmen und Vorschläge für konkrete Planung und Unterrichtshandeln zu machen (vgl. Legutke 2000; Schröder 1999).

Mitarbeit im Vorhaben

Als Moderatoren stehen Christoph Edelhoff (Arbeitsstelle Sprachliche Bildung des HeLP, PI Nord, Reinhardswaldschule) und Rolf Römer (Staatl. Schulamt Borken) in der Rolle als weiterer außenstehender Fachmann *critical friend* (s. u.) zur Verfügung.

Für die einzelnen Veranstaltungen werden ggf. auch Fachleute aus der wissenschaftlichen Begleitung (Prof. Dr. Michael Legutke, Universität Gießen; Christoph Kodron, Deutsches Institut für Internationale Pädagogische Forschung, DIPF, Frankfurt/M.) und aus dem fachlichen Netzwerk der Arbeitsstelle Sprachliche Bildung des HeLP hinzugezogen.

Interessen und Verpflichtungen der Anbieter

Die Moderatoren haben ein Interesse daran, Kenntnisse zu erwerben und Erfahrungen zu gewinnen für transferierbare Unterstützung und Fortbildung von Schulen und Lehrkräften in diesem Bereich, insbesondere auch über den Aufbau eines Englischunterrichts, der in der Grundschule beginnt und sich europäischen Zielen verpflichtet weiß. Schul- und personenbezogene Befunde, Ergebnisse und Einschätzungen dienen der Entwicklung des Vorhabens (Binnennutzung), nicht der Weitergabe an unbeteiligte Dritte.

Die Mitarbeiter der Unterstützungssysteme sehen sich als Moderatoren, nicht als „Leiter" des schulbezogenen Entwicklungs- und Fortbildungsprozesses und bemühen sich um faire/kollegiale Rückmeldung, nicht Beurteilung.

Die Moderatoren bieten der Schule Anteil an ihren Kompetenznetzwerken an. Ziel ist es, die Eigentätigkeit der Betroffenen zu stärken, d. h., die Verantwortlichkeit für den Entwicklungs- und Arbeitsprozess liegt in der Schule selbst.

Das Angebot gilt zunächst für ein Schuljahr, an dessen Ende alle Beteiligten über eine Fortsetzung entscheiden.

Erwartungen an die Schule

Es wird erwartet, dass bei den Fachtagen alle Mitglieder der Fachkonferenz(en) teilnehmen (und dafür von der Schulleitung freigestellt werden), auch wenn sie vom jeweiligen Teilthema zu dem jeweiligen Zeitpunkt nicht betroffen sind.

Es wird erwartet, dass die Schule für die Fachtage eine förderliche Infrastruktur bereitstellt (Tagungsraum, Ausstattung, ungestörter Ablauf, gemeinsame Mahlzeit in der Schule).

Es wird erwartet, dass die Fachlehrkräfte sich mit dem Vorhaben identifizieren und bereit sind, sich durch eine entsprechende Vereinbarung mit den Moderatoren zu verpflichten (zunächst für die Dauer eines Schuljahres). ...

Anhang

Critical friend – Was ist gemeint?

Es handelt sich um eine Bezeichnung für eine neue Beratungs- und Moderatorenrolle in Schulentwicklungsprozessen:

- Fachfrau/Fachmann; versteht etwas von der jeweiligen Sache durch eigene Unterrichts- und Fortbildungspraxis; Teamer/-in (schulintern, -extern); bringt umfassende Erfahrung ein (hier: im Bereich der Lehrplan- und Unterrichtsentwicklung); dazu Leitungs- und Auslandserfahrung;
- in kollegialer, nicht formal-aufsichtlicher Funktion;
- in gleichzeitiger Nähe (*peer*) und (auch geographischer) Distanz;
- mit einer grundsätzlichen Haltung der Sympathie, des gegenseitigen Vertrauens und Respekts;
- wesentlich der Methode des offenen und direkten Gesprächs verpflichtet („es gilt das gesprochene Wort"), nicht der gleichsam anonymen gutachtlichen Fremdbeurteilung.

Erfahrungen

Im Schuljahr 1999/2000 fanden auf der geschilderten Grundlage mehrere Studientage der Fachkonferenz statt. Aus ihrer Interessenlage heraus – dem kleinsten gemeinsamen Vielfachen der Schulform- und Schulstufenvertreter – behandelten sie zunächst Aspekte der Qualitätsentwicklung und Qualitätssicherung (Überblick, Methoden der Leistungsfeststellung, *self-assessment* und Portfolio), jeweils mit auswärtigen Referenten und Workshops für die ganze Fachkonferenz. Offensichtlichen Anklang fanden dabei vor allem praktische Konzepte des Testens und der Überprüfung sprachlich-kommunikativer Leistungen sowie die detaillierte Befassung mit vorliegenden Portfolioentwürfen.

Nach Auskunft der Schulleitung brachten diese Fortbildungsveranstaltungen bereits „genügend Bewegung", ohne dass eine inhaltliche Rückmeldung und daraus abzuleitende weitere Fortbildungsplanung mit der Außenmoderation erfolgte. Im Weiteren wurde auf Außenreferenten verzichtet. Darüber hinaus bewirkten Personenwechsel, Krankheit und schulische Belastungen einen unbeobachteten Fortgang des Projekts. Deshalb bricht dieser Bericht – wie so viele begleitende Unterstützungsvorhaben – als *open-ended* ab. Weiterhin zu verfolgen erscheinen aus der Sicht der Unterstützungsagentur und der „kritischen Freundschaft" die Entwicklung schulstufen- und schulformübergreifender Kooperationsverfahren, die Erarbeitung eines Gesamt-Fremdsprachenkonzepts, der Ausgleich unterschiedlicher Leistungsvorstellungen und die Renovierung unterrichtlicher Konzepte im Sinne der Qualitätsentwicklung (vgl. Landesinstitut für Schule und Weiterbildung 2000).

Als Zwischenbilanz bleibt festzuhalten:

1. Es ist offenbar irrig anzunehmen, dass sich komplexe Veränderungsprozesse rasch und umfassend bewirken lassen. Vielmehr sollte von einem (wenn auch geringfügig erscheinenden) gemeinsamen Fundament im Konsens ausgegangen und in der Folge immer mehr Gemeinsames erarbeitet und erfahren werden (Prinzip des *personal and professional growth*).

2. Aus der Interessenslage einer Schule haben aktuelle Bedürfnisse in der Regel Vorrang vor längerfristig angelegten Entwicklungsprozessen.

3. Die vielfältigen Belastungen aller Beteiligten stören immer wieder die Kontinuität und Nachhaltigkeit innerschulischer Entwicklungs- und Fortbildungsprozesse.

4. Vereinbarungen von Schulen und Außenanbietern bleiben so lange eher unverbindliche Absichtserklärungen, wie ihre Einforderung und Konsequenz nicht verfolgt werden kann.

5. So wichtig in prozessbezogenen Projekten Evaluation als Begleitung und Beratung ist, sollte doch eine auswertende (End-)Evaluation nicht unterbleiben.

Motivierte Schüler, begeisterte Eltern und geforderte Lehrer

Christoph Kodron

Aus der wissenschaftlichen Begleitung des Schulversuchs

Auf der Basis der Vereinbarung zwischen dem Hessischen Kultusministerium und dem Deutschen Institut für Internationale Pädagogische Forschung über die wissenschaftliche Begleitung des Schulversuchs „Englisch ab 1. Schuljahr in der Freiherr-vom-Stein-Schule, Europaschule Gladenbach" vom 9. 12. 1994 standen für die wissenschaftliche Begleitung folgende Fragestellungen im Vordergrund:

– Wie fügt sich „Englisch ab dem 1. Schuljahr" in das Konzept der gesamten Schule ein?
– Welche Veränderungen werden im Fach Englisch durch den Unterricht ab Klasse 1 notwendig?
– Wie entwickelt sich die sprachliche Kompetenz der Schüler im Fach Englisch? Gibt es Probleme mit Schulwechslern, Seiteneinsteigern, ausländischen Schülern?
– Wie muss das Curriculum in der Grundschule durch die Öffnung zu einem neuen fremdsprachigen Erfahrungsraum angepasst werden?
– Wie stehen die Eltern dem Schulversuch gegenüber?
– Wie wird Fortbildung organisiert?

Die wissenschaftliche Begleitung verstand sich sowohl als Beobachtung von außen als auch als ein außen stehender Partner für die Weiterentwicklung und Ausgestaltung des Schulversuchs. Durch die um Objektivität bemühte, auf systematischer Beobachtung basierende Sichtweise von außen einerseits und durch aktive, wenn auch schon durch die geografische Entfernung nicht ständige Beteiligung an den Diskussionen andererseits wurde eine engagierte, der Sache des frühen Fremdsprachenunterrichts verpflichtende Begleitforschung angestrebt.[1]

---

1 Aufgrund der sachlichen Ausstattung waren dem Vorhaben enge Grenzen gesetzt; zu Möglichkeiten und Problemen einer Begleitforschung vgl.: Mitter u. Weishaupt 1979.

Einordnung des Schulversuchs

Bei einem solchen Schulversuch geht es nicht nur darum, den Beginn der Fremdsprache „vorzuverlegen". Es geht auch um größere Zusammenhänge in der sich weltweit weiterentwickelnden Gesellschaft. Es ist wichtig, diesen Kontext nicht aus den Augen zu verlieren, weil sich in seinem Lichte manche Ergebnisse erst richtig einordnen und bewerten lassen. Die Zusammenhänge werden in den Beiträgen von Wiltrud Lortz und Siegfried Seyler dargestellt.

In der hessischen, noch mehr in der deutschen Schulstruktur stellt die Freiherr-vom-Stein-Schule, Europaschule Gladenbach, eine Besonderheit dar. In ihr sind unter einer Leitung, unter einem schulorganisatorischen Dach alle Klassen von der 1. Klasse der Grundschule bis zur Jahrgangsstufe 13 vereint. Alle Abschlüsse der allgemein bildenden Schule bis hin zur allgemeinen Hochschulreife können in ihr erworben werden. Die räumliche Unterbringung der Grundschule zusammen mit der Förderstufe (Klassen 5 und 6) in einem unteren Gebäudekomplex, der ca. 100 Meter von den oberen Gebäudeteilen der Sekundarstufe I und II entfernt liegt, fördert zwar nicht eine direkte Kommunikation zwischen den Lehrkräften der Schule. Trotzdem muss dies als günstige Voraussetzung für den Einbau von Englisch ab Klasse 1 in das Gesamtcurriculum der Schule angesehen werden. Zumindest aus den eher seltenen Fachgesamtkonferenzen Englisch kennen sich alle Lehrkräfte, die Englisch von der Klasse 1 der Grundschule über Haupt-, Realschul- und gymnasialen Zweig bis hin zum Abitur unterrichten. Diese schulorganisatorische Besonderheit hat sicher auch die Einrichtung zweisprachiger Realschul- und Gymnasialschulzweige befördert, wie letztlich auch die Einrichtung eines neuen Schulversuchs zur Weiterführung von „Englisch ab Klasse 1" in der Sekundarstufe. Sie könnte zukünftig als Chance dafür genutzt werden, die Möglichkeit der Vorverlegung des Fremdsprachenunterrichts auch in der 2. und 3. Fremdsprache in einem späteren Schritt zu erproben.

Der frühe Fremdsprachenunterricht ab Klasse 3 ist an der Schule seit langem verankert. Zu Beginn des Schulversuchs gab es seit fast 30 Jahren Erfahrungen mit Englisch ab Klasse 3 und seit 5 Jahren mit Französisch ab Klasse 3, weshalb im Grundschulbereich mit Fremdsprachenunterricht erfahrene Lehrer zur Verfügung stehen. Heute wird ab Klasse 3 neben Französisch auch eine Arbeitsgemeinschaft in Italienisch angeboten.

Andererseits ist zu bedenken, dass – angesichts des eher ländlich geprägten Schuleinzugsbereichs – eine Öffnung hin zu verstärkter fremdsprachlicher Bildung nicht nahe liegt. Das Englische ist im Schuleinzugsgebiet in keiner besonderen Weise vertreten, weder durch größere ausländische Firmen noch durch Militärpersonal oder englischsprachigen Tourismus, sodass bestenfalls von einer durchschnittlichen Präsenz des Englischen in der Lebensumwelt der Schüler ausgegangen werden kann. Die Elternbefragungen zeigten, dass die 263 Eltern[2], die den Fragebogen ausfüllten, selbst zu fast 80 % Englisch in der Schule lernten. Aber nur zwischen 17 % und 27 % gaben an, selbst im Beruf eine Fremdsprache zu benötigen, und zwar überwiegend Englisch, während 25 % von diesen „auch andere Fremdsprachen" beruflich benötigen.

Ein weiterer mit anderen Sekundarschulen vergleichbarer Faktor ist, dass in Klasse 5 etwas mehr als die aus der eigenen Grundschule kommende Anzahl von Schülern aus anderen Grundschulen aufgenommen wird, und in Klasse 7 nochmals zahlreiche Schüler aus anderen Schulen hinzukommen. An allen zuliefernden Grundschulen wird, wenn auch teils mit Unterbrechung, seit Jahren Englisch ab Klasse 3, in zwei Fällen seit 1991 auch Französisch angeboten. Die zuliefernden Schulen entschieden jedoch selbst, ob und inwieweit sie Fremdsprachen in der Grundschule anbieten, unter Beachtung ihrer jeweiligen personellen und sächlichen Gegebenheiten. Seit dem Schuljahr 2000/ 2001 bieten nun alle „Englisch ab Klasse 1" an.

Der Erfolgsweg: Zusammenwirken von Lehrern, Schulleitung, Eltern und ein Vorbild

Der Vorschlag, „Fremdsprache ab Klasse 1" zu versuchen, kam von der Leitung der Gesamtschule im Rahmen der Bewerbung auf die Ausschreibung als hessische Europaschule. Damit setzte auch die eigentliche Diskussion und Auseinandersetzung mit der Frage „Fremdsprache ab Klasse 1" ein. Die Sichtung der vorhandenen Konzepte und die Erarbeitung eigener Konzepte wurden von der späteren Leiterin des Schulversuchs, die zudem Fachmoderatorin für Englisch an der Grundschule war, sowie einer Kollegin, die ebenfalls eine grundständige Ausbildung für Englisch an der Grundschule hatte, maßgeblich durchgeführt. Trotzdem musste zunächst in der Lehrerschaft der Grundschule und danach in derjenigen der gesamten Schule lange und intensive Überzeugungsarbeit geleistet werden. Wesentlich drei verschiedene Konzepte wurden intensiv diskutiert, ehe die Gesamtkonferenz im Beschluss vom 21. 2. 1994 dem Einbau von „Englisch ab Klasse 1" in der Grundschule zustimmte und damit die Grundschule auch als integrierter Bestandteil des Europaschulkonzepts der Freiherr-vom-Stein-Schule angesehen

---

2 Mehrheitlich Mütter, je nach Befragung unterschiedlich, und zwar 85 %, 63 % und 56 %, dadurch werden die unterschiedlichen Ergebnisse in Bezug auf Fremdsprachengebrauch im Beruf z. T. erklärt.

werden konnte. Sowohl die Leiterin der Grundschule als auch der Direktor der gesamten Schule waren dem Thema „Fremdsprache in der Grundschule" nicht nur sehr aufgeschlossen, sondern unterstützten Initiativen im Fremdsprachenbereich der Grundschule stark, insbesondere auch einen Beginn ab Klasse 1. Die Schulleitung, insbesondere der Leiter der gesamten Schule, der selbst Fremdsprachenlehrer ist, drängte stark darauf, dass die grundschulinternen Bemühungen zu einem Schulversuch der gesamten Schule wurden, zumal der konzipierte Ansatz sich hervorragend einfügte in das Europaschulkonzept und in die Absicht bilinguale Züge einzurichten.

Dem Schulleiter kommen im Verlauf des Schulversuchs unterschiedliche Rollen zu. Einerseits vertritt er den Schulversuch vehement gegenüber dem Ministerium, dringt nach innen jedoch sehr deutlich auf die Einhaltung der beantragten Versuchsanlage, z. B. im Punkt, dass Englisch grundsätzlich von den Klassenlehrern unterrichtet werden soll. Er besteht nach innen auch vehement auf Qualität und Qualitätskriterien, z. B. als es um die Sprachstandsmessung von Schulfremden ging. Nach außen verteidigt er hingegen den Konferenzbeschluss vom 10. Juni 1996 und moderiert gegenüber dem Ministerium, wobei er die fachliche Sicht der am Schulversuch beteiligten Lehrkräfte vertritt.

Bei der Entwicklung des Schulversuchs in Gladenbach erwies sich die enge Zusammenarbeit mit Wien und den dortigen Fachkräften für „Englisch ab Klasse 1" als sehr hilfreich und stützend. Besonders wichtig erscheint im Nachhinein, dass sich die Protagonisten des Schulversuchs, insbesondere die Schulversuchsleitung, auf das Beispiel Wien in vielen gerade auch kritischen Fragen berufen konnten.

Als wichtig erwies sich auch, dass der Elternbeirat, sowohl derjenige der Grundschule wie der Schulelternbeirat, eine Intensivierung und Vorverlegung des fremdsprachlichen Lernens in der Grundschule unterstützte und frühzeitig selbst die Forderung nach einer Vorverlegung in Klasse 1 aufstellte. Auch Eltern, die nicht in einer Elternvertretungsfunktion waren, forderten und unterstützen bis heute die Einführung von „Englisch ab Klasse 1".

Die Bedeutung der Unterstützung zeigte sich bei der Beantragung des Schulversuchs wie auch an verschiedenen kritischen Punkten in der Entwicklung des Schulversuchs. Als z. B. das Kultusministerium die Einstellung des Schulversuchs erwog, nachdem durch den Konferenzbeschluss vom 10. Juni 1996 das ursprüngliche Konzept dahingehend modifiziert wurde, dass Englisch ab Klasse 3 nur noch auf freiwilliger Basis von den Klassenlehrern ohne grundständige Ausbildung in der Fremdsprache erteilt werden soll, standen die Eltern ohne Ausnahme für die Weiterführung und gaben dies deutlich kund.

Aus Sicht der ständigen Arbeitsgruppe, zu der auch die Fachreferenten des Kultusministeriums gehörten, wäre es sicher wünschenswert gewesen, wenn sich die Schulaufsicht stärker in das Projekt eingebracht und die Bemühungen der Schule deutlich gewürdigt hätte.

Die bedeutende Rolle der Eltern

Meiner Einschätzung nach kommt den Eltern bei der Einführung von Neuerungen in einer Schule immer eine große Bedeutung zu. Dies war, wie im vorangegangenen Abschnitt gezeigt, in Gladenbach der Fall. Wichtig ist mir jedoch, aufzuzeigen, dass die Schule und die Lehrer diese Unterstützung nicht nur genießen können, sondern das Verhältnis als ein gegenseitiges ansehen müssen. Eltern, engagierte Eltern zumal, wollen für ihr/ihre Kind/er das Beste; eine gute Schule, eine gute schulische Bildung gehören dazu. Nur, was dies konkret bedeutet, bleibt immer eine schwierige und komplexe Frage, gerade auch für Eltern. Hier sehe ich eine Bringschuld der Schule und aller Lehrer, d. h., sie müssen mit ihrem fachlichen Wissen den Eltern entgegenkommen, sie sollten den Eltern, auch Eltern ohne höhere Bildung, verständlich machen, was die Ziele und Lernschritte nicht nur im einzelnen Fach, sondern in der Entwicklung der Kinder und Jugendlichen sind, was Schule dazu beitragen kann und auch was Eltern selbst dazu tun können bzw. sollten. Sie können als Fachleute den Entwicklungsaspekt deutlich machen. Dies ist heute besonders wichtig, da nur noch wenige Eltern so viele eigene Kinder haben, dass sie persönlich den Entwicklungsverlauf ihrer älteren Kinder erleben und diese Erfahrung auf jüngere Geschwister übertragen können. Lehrer sollten deshalb Eltern erklären, was und warum gerade dies den Schülern angeboten wird. Sie können sehr viel dazu beitragen, dass innerhalb und mit der Elternschaft ein sachlicher Dialog geführt wird, was in der Schule und im Unterricht, aufgrund welcher besonderen Probleme in der Schülerschaft, aber auch durch günstige Umstände Besonderes getan werden könnte und sollte. Dies scheint in Gladenbach vergleichsweise gut gelungen. Eine Überzeugung der Eltern setzt einen Grundkonsens bei den meisten Lehrern voraus, der sich nur einstellen kann, wenn diese Fragen in der Lehrerschaft diskutiert und einem Kompromiss zugeführt werden. Dies ist ein wichtiges Ziel in Bezug auf die Einführung von schulinternen Curricula, die entsprechend den besonderen Schwächen, aber auch Stärken in Schülerschaft, Lehrerschaft und durch das Umfeld der Schule Schwerpunkte setzen sollen.

Die Diskussion und Erstellung eines Schulcurriculums ist in der Freiherr-vom-Stein-Schule recht gut gelungen. Dies gilt auch für die aus dem hessischen Europaschulkonzept stammende Verknüpfung von Europa mit denjenigen des frühen Fremdsprachenlernens ab Klasse 1 der Grundschule (vgl. Freiherr-vom-Stein-Schule 1996/1998; Kodron

1998). Hier ist insbesondere die Öffnung zu Europa und zur Welt und damit eng verbunden das Konzept von Klassenpartnerschaften, Klassenkorrespondenz und später folgend von Schüleraustausch bis hin zu Auslandspraktika zu nennen, ein paradigmatisches Angebot an interkulturellen Lernangeboten, das auch Eltern einleuchtet.

Die Diskussionen im Vorfeld des Schulversuchs machten deutlich, dass es weder bei den Grundschullehrern noch in der gesamten Lehrerschaft oder den Fremdsprachenlehrern noch bei den Eltern nur gleiche Meinungen gab. Natürlich gab es viele unterschiedliche Ideen und teils unvereinbare Ansätze. Sollte z. B. „Fremdsprache ab Klasse 1" obligatorisch für alle Schüler oder nur als Angebot eingeführt werden? Auch welche Sprache eingeführt werden sollte, war keineswegs unumstritten: Manche engagierte Eltern plädierten für Französisch, denn Englisch lerne sich auch noch gut als zweite Fremdsprache.

Dass die Entscheidung für Englisch letztendlich sehr breite Zustimmung fand, geht sicher u. a. darauf zurück, dass insbesondere in der Grundschule eine gute Basis durch langjähriges erfolgreiches Englisch ab Klasse 3 bestand. Weiter war wichtig, dass allen Schülern, auch denjenigen, die den Haupt- bzw. den Realschulzweig besuchen würden, eine Weiterführung in der Sekundarstufe geboten werden sollte. Dadurch wurde auch das Prinzip, dass alle Schüler obligatorisch teilnehmen sollten, breit getragen.

Im Laufe des Schulversuchs kam sogar die ausdrückliche Forderung von Eltern auf, auch Schülern in sonderschulischen Bereichen „Englisch ab Klasse 1" anzubieten, weil diesen der mündliche Ansatz und die Anschaulichkeit entgegenkomme, was ihnen im späteren Berufsleben nützlich sein könnte. Diese nachvollziehbare Forderung sollte zumindest eine Erprobung erfahren!

Wie schon im ersten Bericht von Frau Jacobs dargestellt (Jacobs 1995), wurden und werden die Eltern der Schulanfänger immer in einer Informationsveranstaltung mit Inhalten und Verfahrensweisen für „Englisch ab Klasse 1" vertraut gemacht. Über Englisch wurde auch bei Elternabenden öfter informiert; zu Vorführungen des Gelernten durch Schüler komme ich weiter unten noch gesondert.

Die deutliche Aufgeschlossenheit und das unterstützende Interesse haben sich bei vielen Eltern über die sechsjährige Versuchszeit gehalten, teilweise, so mein Eindruck, haben sie sich sogar verstärkt. Dies erleichterten sicher auch die kleinstädtischen Verhältnisse, in denen ein erfolgreicher Schulversuch schnell zu einem Gesprächsstoff wird. Dies war und ist jedoch dadurch verstärkt, dass „Englisch ab Klasse 1" sehr viele Schüler stark motiviert. So erzählen sie zu Hause begeistert aus dem Unterricht, bringen Lieder, Reime, Spiele u. a. an und geben diese sogar kleineren Geschwistern weiter. Dadurch wurden auch ihre Eltern begeisterte Anhänger von „Englisch ab Klasse 1".

Englisch in der Sicht der Eltern

Da Eltern mit ihren Kindern verschiedene Erfahrungen machen und daher auch zu unterschiedlichen Einschätzungen kommen können, wurden schriftliche Befragungen der Erziehungsberechtigten durchgeführt, auf deren Grundlage eine differenzierte Einschätzung der Elternmeinung erfolgen kann. Da schriftliche Befragungen jedoch nur einen begrenzten Umfang haben können und nur das erfassen, was erfragt wird, wurde im sechsten Jahr des Schulversuchs auch eine Versammlung mit Elternvertretern aus allen Klassen durchgeführt, die Gelegenheit zu einer breiten wie vertieften Diskussion bot. Im Anhang findet sich der Frageleitfaden.

Wie weiter oben gesagt, sind das Interesse und die Unterstützung der Eltern sowie des Schulelternbeirats für den Schulversuch „Englisch ab Klasse 1" von Beginn an sehr groß gewesen und im Laufe der Jahre eher noch gewachsen. Eine große Anzahl von Eltern hat sich bei jeder Gelegenheit vehement für „Englisch ab Klasse 1" ausgesprochen und eingesetzt. Das Interesse, insbesondere auch bei Eltern von benachbarten Grundschulen, deren Schüler die Sekundarstufe der Freiherr-vom-Stein-Schule, Europaschule, in Gladenbach besuchen werden, hat im Verlauf stark zugenommen. Ich habe den Eindruck, dass die Attraktivität des Schulversuchs stärker auf Eltern als auf Lehrer anderer Grundschulen wirkte.

Die Meinung der Eltern, die Kinder in „Englisch ab Klasse 1" haben, wurde in drei Fragebogenerhebungen, einer Versammlung mit Elternvertretern im Jahr 2000 und zahlreichen Einzelgesprächen erhoben. Die schriftlichen Befragungen mit 264 ausgewerteten Fragebögen zeigen, dass auf die Frage: „Wie finden Sie es, dass Ihr Kind ab 1. Schuljahr Englisch lernt?", 90,6 %, dann 92,9 % und in der 3. Befragung 93,8 % antworten: „Ich bin begeistert" und „Ich finde es ganz gut". Weiter meinen zwischen 70 % und 84 % der befragten Eltern, dass Englisch „nur Vorteile für die Schüler" bringe. Insgesamt über 90 % der Eltern berichten, dass „ihr Kind das, was es an Liedern, Reimen oder Redewendungen im Englischunterricht gelernt hat, zu Hause „spontan", „oft" oder „manchmal" vorgetragen hat. Alle Antworten zeigen durchgehend eine sehr hohe Zustimmung der Eltern zu „Englisch ab Klasse 1", nur – je nach Umfrage – 1 % bis 2 % der Eltern lehnen „Englisch ab Klasse 1" für ihr Kind ab. Der Aussage: „Mit Blick auf Europa muss das Sprachenlernen eine besonders wichtige Stellung einnehmen, dazu gehört auch Fremdsprachenlernen in der Grundschule", wird zu 90 % „voll" oder „eher" zugestimmt (Kodron 1995/96). Diese Befragungsergebnisse bestätigen für „Englisch ab Klasse 1" frühere Ergebnisse der Befragung für „Englisch ab Klasse 3" (Gompf 1990).

Der intensive Meinungsaustausch in der Versammlung der Elternvertreter der Klassen 1 bis 6 bestätigte das Bild aus den schriftlichen
Befragungen voll und ganz und ergänzte es. So berichteten z. B.
manche Eltern, dass zunächst auch Skepsis gegenüber „Englisch ab
Klasse 1" in ihrer Klasse verbreitet war. Diese wurde durch Arbeitskol-
legen und Nachbarn noch verstärkt, die die Meinung vertraten, dass die
Kinder „erst einmal richtig Deutsch" lernen sollten. Die Erfahrung mit
den eigenen Kindern, deren Begeisterung, der für sie merkbare Lernfortschritt und die spielerische Freude an Englisch hätten aber solche
Bedenken vollkommen ausgeräumt. Manche Eltern berichteten sogar
sehr begeistert davon, wie ihre Kinder im Urlaub angstfrei Englisch
sprachen und wie viel diese in Englisch verstanden. Vorherrschend war
die Einschätzung der Eltern, dass die Notenfreiheit zum Erfolg in Englisch beitrage, einhellig die Zustimmung zum lebendigen, spielerischen
Lernen mit Liedern und mit vielfältigen abwechslungsreichen Aktivitäten und Rollenspielen.

Eindrücklicher als bei der schriftlichen Befragung wurde geschil-
dert, dass die Kinder aus dem Fach Englisch zu Hause weit überdurch-
schnittlich erzählen und Reime, Lieder und Spiele anbringen. Schul-
kinder vermittelten diese teils den Eltern selbst, teils auch jüngeren Geschwistern oder Freunden, sodass diese es oft kaum erwarten können,
selbst auch Englisch in der Schule zu lernen. Dies, so die Mehrheit der
anwesenden Eltern, sei mit keinem anderen Fach der Fall. Englisch sei
eindeutig das beliebteste Fach vieler Kinder, zumindest das Fach, das
immer interessant ist und die Kinder anspricht und oft begeistert. Dies
wurde mit nur leicht abnehmender Tendenz für alle Grundschulklassen-
stufen berichtet und gilt abgeschwächt, wie Eltern, die Kinder in der
Förderstufe haben, berichteten, auch dort weiter.

Die Eltern selbst sind vom Fach Englisch auch deshalb so angetan,
weil Vorführungen von dem, was die Kinder in Englisch lernen und
können, sie selbst angesprochen und überzeugt haben. Die Veranstaltung aus Anlass der Präsentation der Ergebnisse der Sprachstandsmessung für Eltern und eine weitere Öffentlichkeit, bei der in Form von
Sketchen, Liedern und Spielen Kinder aus allen Klassenstufen der
Grundschule ihr Können in Englisch vorstellten, fand nicht nur großen
Zuspruch, sondern begeisterte die Eltern geradezu. Sie wünschen sich
solche, aber auch kleinere klassenbezogene „Vorführveranstaltungen"
öfter und nicht nur in Englisch! Dies wurde in Einzelgesprächen und
insbesondere bei dem intensiven Meinungsaustausch in der Versammlung mit Elternvertretern, die Kinder in den Klassen 1 bis 6 hatten, vielfach gesagt.

Die Begeisterung der Schüler und Eltern, verbunden mit der Wahl
als liebstes Fach, lässt jedoch auch kritische Nachfragen stellen. Ist es
nicht merkwürdig, wenn die Begeisterung über sechs Jahre hinweg

nicht merklich nachlässt, obwohl die Neuheit des Schulversuchs wohl nicht so lange trägt? Könnte es sich um einen so genannten Hawthorne-Effekt handeln, der darauf beruht, dass sich (erwachsene) Versuchspersonen dadurch, dass mit ihnen wissenschaftliche Untersuchungen laufen, wichtig genommen und bestätigt fühlen und deshalb jedes Versuchsdesign akzeptieren und sogar gut finden? Dies könnte vielleicht auf die Eltern zutreffen, bei den Kindern kann ein solcher Effekt jedoch ausgeschlossen werden. Kann dies daran liegen, dass es das einzige Fach ist, für das es keine formalen Noten und damit auch keine Klassenarbeiten gibt? Dies wird wohl eine positive Rolle spielen, zumal auch viele Eltern davon berichteten. Intensive Gespräche mit Lehrern führten mich jedoch dazu, dass ich dieses positive Ergebnis auch darauf zurückführe, dass die Lehrer im Fach Englisch, nicht zuletzt angeregt durch die vielfältigen didaktischen Fortbildungen und interessanten Hospitationen, mehrheitlich einen besonders abwechslungsreichen, unterschiedliche Zugänge und Methoden nutzenden Unterricht halten. So positiv dies ist, so wäre jedoch zu fragen, ob ein vergleichbar interessanter, anschaulicher und unterschiedliche Sinne ansprechender Unterricht auch in den anderen Fächern angeboten wird? Letztlich ist es die Frage, ob dies nicht zum Teil daran liegt, dass in den traditionellen Lernbereichen der Grundschule inzwischen zu kognitiv gelernt wird (Fröhlich-Ward 1990, 65–75; Hellwig 1992). Da keine Unterrichtsbesuche in anderen Fächern vorgesehen waren, kann diese Frage nicht behandelt werden.

Besonders kritisch empfinde ich dabei, dass auf ausdrückliche Befragung bei der Versammlung der Elternvertreter im sechsten Jahr des Schulversuchs übereinstimmend gesagt wurde, dass die Schüler sehr viel mehr Lieder und Reime aus dem Englischunterricht zu Hause anbringen als aus dem deutschen Musik- oder Deutschunterricht. Zwar mag die Exotik, die von einer fremden Sprache ausgeht, eine verstärkende Rolle spielen, auch, dass die Medien und die Umwelt Englisch bevorzugen. Ich vertrete jedoch die Meinung, dass im routinierten Grundschulunterricht leider zu selten ein alle Sinne ansprechender, anschaulicher und abwechslungsreicher Unterricht geboten wird. Da könnte noch manches verbessert werden.

Kommunikative Sprache, fremde Besucher und die Würde des Lerners

Die Ergebnisse von „Englisch ab Klasse 1" an der Grundschule der Freiherr-vom-Stein-Schule Gladenbach sind überzeugend. Die Schüler zeigen in der fünften Klasse deutlich bessere sprachliche Grundlagen im Rahmen des Gelernten in Englisch als diejenigen, die Englisch erst ab Klasse 3 hatten. Insbesondere das gute Hörverstehen, Voraussetzung

124

für adäquate Reaktionen, ist eindeutig besser. Sie sind vier Jahre an Unterricht gewöhnt, der wirklich weitgehend nur in der Zielsprache stattfand. Deshalb sind sie gerade in der Bewältigung von kommunikativen Situationen und der Behandlung von Themen denjenigen Schülern, die „Englisch ab Klasse 3" hatten, deutlich überlegen. Die auf Video aufgezeichneten kommunikativen Situationen im Rahmen der Sprachstandsmessung (vgl. Beitrag von Legutke) belegen dies eindrücklich. Der kommunikative, spielerische und ausprobierende Umgang mit Sprache ist Voraussetzung für den oben genannten Lernerfolg der Grundschulkinder, die noch nicht mit Problemen zu tun haben, die später im Zusammenhang mit der Pubertät auftreten können.

Dies zeigte sich besonders auffällig, wenn ausländische Besucher sie oft mit Worten und Sätzen konfrontierten, die sie vorher nicht gelernt hatten. Die kommunikative Bewältigung solcher Situationen stärkt das Gefühl der Schüler mit Englisch zurechtzukommen. Selbst schwache Schüler zeigen durch ihre adäquate Reaktion, dass sie den sprachlichen Stimulus verstanden haben, auch wenn sie oft nur in der Lage sind, mit einem oder wenigen Wörtern in Englisch zu antworten. In der sprachlichen Ausdrucksfähigkeit ist insbesondere die Fähigkeit fast aller Schüler hervorzuheben, angstfrei nachzufragen, aber auch das spontane, oft fantasievolle Reagieren selbst auf sprachlichen Input fremder Sprecher.

Natürlich kamen durch die Praxis einer „Europaschule" und durch den Schulversuch auch sehr viele ausländische Besucher in fast jede Grundschulklasse. Die Schüler waren in der Regel neugierig auf diese Besucher. Von diesen wurde bei ihrer eigenen Vorstellung meist Englisch gesprochen, auch in kleinen Unterrichtseinheiten, die viele Besucher übernahmen, indem sie z. B. von ihrer Schule sprachen, ihr Herkunftsland kennzeichneten oder auch nur ein Lied einübten. Diese Situationen zeigten eindrucksvoll, dass reale fremdsprachige Kommunikation eine Herausforderung ist, die jede Klasse gemeinschaftlich, sich gegenseitig helfend, Hypothesen über den Inhalt (teils in Deutsch) besprechend, fantasievoll bewältigt, ohne dass die Lehrkraft helfend eingreift. Diese Besuche erzielten einen enormen positiven Effekt für die Kinder. Die Lehrer hingegen empfanden Besuche oft als Belastung. Trotzdem empfehle ich jeder Schule und jeder Lehrkraft, so oft wie möglich fremdsprachige, ausländische Besucher in die Klasse zu bringen und diese auch selbstständig mit den Schülern kommunizieren und/ oder auch unterrichten zu lassen, wenn diese Erfahrungen mit altersadäquaten Kindern haben.

Gerade im mündlichen Fremdsprachenunterricht in der Grundschule ist das engagierte, aktive Mitmachen der Schüler grundlegend (Sarter 1997, 48 f.). Dabei ist eine sprachliche Korrektur nur mit Takt und Einfühlung vorzunehmen. Eine Korrektur, die verletzt, den

Lernenden beschämt, hat oft sehr negative Folgen, wenn er sich bloßgestellt, das heißt in seinem Selbstwertgefühl, seiner Identität beschädigt fühlt.[3] Die Folge ist, wir kennen dies von vielen Erwachsenen, dass sie sich nicht mehr zutrauen zu sprechen, weil sie nicht sicher sind, dass das, was sie sagen, „korrekt" ist.[4] Gerade in der Grundschule, wo die Lernenden mit viel *trial and error* erfinderisch, voll Fantasie mit Sprache, besonders mit Fremdsprache umgehen, ist dies ein zu pflegendes, wertvolles Potenzial. Die Videoaufnahmen der Sprachstandsmessung zeigen exemplarisch, wie selbst in dieser „Prüfungssituation" die kommunikativen Absichten dominieren, Worte z. B. durch Analogbildungen erfunden werden, Transfer zu zwar verständlichen, wenn auch falschen Ausdrücken führen. Dabei wird erlebbar, dass es nicht um „falsch" oder „richtig" geht, sondern darum, dass der Lernende sich ausdrücken will und dabei sprachliche Hypothesen bildet und an den Reaktionen des Kommunikationspartners erfährt, ob und wieweit er sich verständlich ausdrücken konnte. Gerade in der Kommunikation mit Fremdsprachlern wird dieses natürliche Verfahren zumeist als erfolgreich erlebt. Es vermittelt ein Gefühl des sprachlichen Zurechtkommens und stärkt das Selbstbewusstsein, ist beglückend. Deshalb sollte ein Lehrer dabei auch nicht korrigierend eingreifen, sondern nur, wenn vom Lerner gewünscht, bei Nachfragen helfen. Im Normalunterricht hingegen kann ein Lehrer nicht immer vermeiden, dass sprachliches Korrigieren verletzend auf den Lerner und damit kontraproduktiv wirken kann, auch dann, wenn er selbst auf einen guten pädagogischen Takt achtet. Dieser Aspekt ist auch das stärkste Argument gegen formale Benotung in diesem frühen Stadium des Fremdsprachenlernens. Für Grundschulkinder ist aktives Spielen eine Herausforderung, sie wollen dabei sein, beim Mitmachen alles richtig machen; formalisierte Benotungsrituale können der natürlichen Freude am fremdsprachlichen Mitteilen nur schaden. Noten, insbesondere Ziffernnoten, nützen den Kindern nicht, sie wissen, das wurde vielfach deutlich, selbst recht gut, was sie können und wo sie Probleme haben.

---

3 In einer Schule fand ich einen passenden Spruch an der Wand des Lehrerzimmers: „Der Lehrer kann den Schüler so lange korrigieren, bis ein grammatikalisch korrektes Schweigen entsteht."
4 Diesen wichtigen Aspekt verdanke ich Frau Isabell Diehm, die eine Veröffentlichung vorbereitet.

Alle, auch fremdsprachige Kinder und Seiteneinsteiger, profitieren

In Gladenbach haben sich das alters- und grundschulgemäße Durch-halten der didaktischen Prinzipien von Wiederholung in kleinen Lernschritten, weitestgehender Einsprachigkeit des Unterrichts, wechselnder Zugänge bzw. Methoden, Anschaulichkeit und Handlungsorientierung, altersangemessener Lebensnähe sowie Wiederholung und Differenzierung durch alle vier Grundschuljahre bewährt. Sie sind inzwischen zum Teil eingebaut in sekundarschulische Lernformen in der Förderstufe (Klassen 5 und 6). Diese Prinzipien haben sich für den Lernfortschritt aller Kinder als förderlich erwiesen. Wie auch die Sprachstandsmessung zeigte, haben fast alle Kinder, also auch schwache Schüler, Seiteneinsteiger und ausländische Kinder, ein breites Fundament an sprachlichen Ausdrucksmöglichkeiten in Englisch erworben, auf dem der Unterricht in der Sekundarstufe aufbauen kann.

Es zeigt sich deutlich, dass in der Sprechleistung die größten Unterschiede zwischen Schülern auftreten, während die Verstehensleistung gleichmäßiger vorhanden ist. Es zeigen sich aber auch deutliche Unterschiede in der Sprechleistung je nach Klasse, d. h. je nach Lehrkraft. Es ist bekannt, dass sich die Sprechfähigkeit am langsamsten entwickelt und das auch nur, wenn ausreichend Zeit und Gelegenheit zum Üben vorhanden sind. Deshalb muss die Lehrkraft laufend darauf achten, dass wirklich alle Schüler aktiv sprechen können. Die vom Curriculum vorgesehenen Lernformen geben dazu gute Möglichkeiten.

Andererseits stehen der Lehrkraft durch die Mündlichkeit des Unterrichts keine schriftlichen Grundlagen zur Einschätzung der Schülerleistung und zur Diagnose einzelner Schwächen zur Verfügung. Dies erfordert eine besondere Aufmerksamkeit vom Lehrenden, damit zurückhaltende, unauffällige Kinder laufend bezüglich ihres Könnens eingeschätzt sowie einzelne Schüler nicht übersehen werden, die zwar aktiv und eifrig mitmachen, jedoch spezifische Schwächen, z. B. in der Aussprache oder dem Verstehen, haben. Solche „forschende" Aufmerksamkeit wurde von den einzelnen Kollegen sehr unterschiedlich realisiert. M. E. sollte dieser Aspekt von Lehrkompetenz mehr Aufmerksamkeit bei der Qualifizierung von Lehrkräften erhalten (z. B. während der begleitenden Lehrerfortbildung).

Besonders erfreulich ist, dass die Sprachstandsmessung trotz Unterschieden ergab, dass allen Kindern, sogar Seiteneinsteigern, ein solides Fundament im Hörverstehen und adäquaten Reagieren vermittelt wurde. Nach übereinstimmenden Aussagen der Lehrer scheinen die Leistungen in Englisch insgesamt mit der allgemeinen sprachlichen Leistung zu korrelieren. Die meisten deutschen Schüler, die muttersprachlich schwach sind, haben auch in Englisch geringe Leistungen.

Sie zeigen aber durch adäquate Reaktionen gerade in den Videoaufzeichnungen deutlich, dass sie die englischsprachigen Inputs überwiegend richtig verstanden haben. Auch sie sind i. d. R. mit Engagement dabei.

Befragungen der Lehrer und eigene Beobachtungen bestätigen, dass Seiteneinsteiger sich zumeist schnell in Englisch hineinhören und anfangen den Sinn ganzheitlich aus der Situation zu erfassen. Bis sie mit eigenen Sprachproduktionen beginnen, braucht es jedoch längere Zeit. Seiteneinsteiger in Klasse 1 oder 2 integrierten sich rasch und weitgehend problemlos in Englisch. Obwohl es Seiteneinsteiger in Klasse 3 gab, die gegen Ende der Klasse 4 sogar in die leistungsstarke Spitzengruppe aufgestiegen waren, ist generell ein Einstieg in Klasse 3 und noch mehr in Klasse 4 auch in Klasse 5 noch zu merken, sei es in der sprachlichen Sicherheit, sei es in der Aussprache oder beim Sprachumfang.

Ausländische Kinder sind an der Gladenbacher Grundschule mit rund 17 % vergleichsweise gering vertreten.[5] Sie unterscheiden sich untereinander nach sprachlicher Regsamkeit, aber auch nach Elternhaus und Herkunftskultur teils recht stark. Wenige haben keine oder geringe Deutschkenntnisse, andere sogar sehr gute. Im Rahmen der wissenschaftlichen Begleitung konnten spezifische Untersuchungen nicht durchgeführt werden. Kinder von Aussiedlern werden statistisch nicht erfasst, sind jedoch als Seiteneinsteiger auffälliger, da sie oft während des Schuljahres und ohne Deutschkenntnisse in die Klasse kommen.

Eigene Beobachtungen, Aussagen von Lehrern und die Sprachstandsmessung wie auch ausländische Untersuchungen legen nahe, dass Zweisprachigkeit kein Hindernis für Frühbeginn in einer Fremdsprache darstellt, sondern eher einen positiven Einfluss ausüben kann. Hier liegt ein weites Feld für zukünftige Untersuchungen, zumindest insoweit, wie diese zu Hause nicht nur Deutsch sprechen. Weiter konnte beobachtet werden, dass Englisch für viele Schüler ohne oder mit sehr geringen Deutschkenntnissen entlastend und zugleich motivierend war. In Bezug auf die Leistung in Englisch gab es positive wie negative Beispiele. Aber im weitestgehend einsprachig in Englisch gehaltenen Anfangsunterricht hatten gerade Kinder mit geringen oder ohne Deutschkenntnisse gleiche Chancen wie alle anderen Schüler und nutzten diese i. d. R. gut. Ein Aussiedlerkind, ohne Deutschkenntnisse als Seiteneinsteiger mitten im 3. Schuljahr gekommen, machte recht schnell bei Spielen und Singen mit und genoss offensichtlich den sehr abwechslungsreichen Unterricht in Englisch. Im Sprechen tat es sich hingegen lange schwer, was aber auch für Deutsch galt. Wie ich beob-

---

5 Der Anteil schwankt leicht 1994/95 =17 %, 1995/96 = 16 %, 1996/97 = 19 %, 1997/98 = 15 %, 1998/99 = 17 % .

128

achten konnte, war es möglich, es auch in die Klassenkorrespondenz mit einer englischen Primarschule einzubeziehen, indem es Bezeichnungen von Gegenständen in Russisch neben die deutschen schrieb. Es war zu merken, wie ihm dieser Einbezug gut tat.

Unsere Beobachtungen bestätigten darüber hinaus die Ergebnisse von De Leeuw (1995, 1997), dass Grundschüler über ihr Fremdsprachenlernen reflektieren, indem sie z. B. Ähnlichkeiten und Differenzen zu ihrer Muttersprache feststellen, Vermutungen über die Sprache anstellen und, wenn auch zumeist nicht bewusst, Lernstrategien anwenden. Deshalb sollte von der Lehrkraft in geeigneten Momenten, wenn Schüler eine entsprechende Bemerkung machen oder eine in diese Richtung gehende Frage stellen, versucht werden, die Entwicklung von Lernstrategien und Reflexion über Sprache noch systematischer im Unterricht zu fördern. Das ist aber keineswegs allein Aufgabe des Unterrichts, der sich auf die Fremdsprache bezieht. Wichtig wäre gerade auch, dass insbesondere der Deutschunterricht einen besonderen Akzent auf Sprachbewusstsein legt und reflektierende, sprachvergleichende Ansätze bei den Schülern ebenfalls bewusst fördert (Oomen-Welke 1995).

Für den Deutschunterricht ist dabei auch besonders wichtig, dass die Erfahrung mit der Fremdsprache, aber auch die mit den mitgebrachten Sprachen einbezogen wird, das heißt die Schwierigkeit, Worte in der fremden Sprache auseinander zu halten, sich in Tonfall und Sprachduktus einzuhören und dann auch den Sinn, den Inhalt der Aussage zu erfassen. Zu nutzen ist diese eigene Erfahrung der Schüler, um eine wichtige Grundlage für eine Verständigung in multikulturellen, mehrsprachigen Situationen zu legen. Es geht darum, auch die Muttersprache bewusst so gebrauchen zu lernen, dass ein Fremder, der Deutsch nicht als Muttersprache spricht, diese besser verstehen kann. Es gilt also, langsam zu sprechen und gut zu artikulieren, den gleichen Inhalt, um das Verstehen zu erleichtern, sprachlich wiederholend zu variieren. Beides zusammen, Fremdsprache kommunikativ zu lernen und die eigene Sprache bewusst für Fremdsprachler besser verständlich zu machen, ist ein Erfolg versprechender Weg hin zu einer Mehrsprachigkeit. Diese ist nicht nur eine Zielvorgabe der Europäischen Kommission und des Ministerrats, sie erscheint sinnvoll und wichtig für ein Leben im zusammenwachsenden Europa. Gleichzeitig erhöht sie aber auch die eigenen Chancen auf dem Arbeitsmarkt und erleichtert die eigene Mobilität im Beruf wie in der Freizeit und als Tourist.

Übergang in die Klasse 5

Im Schuljahr 1998/99 war das bestimmende Moment die Weiterführung von „Englisch ab Klasse 1" in der fünften Klasse der Förderstufe für die erste Jahrgangsgruppe, die den vollen Durchgang durch die Grundschule erfolgreich abgeschlossen hatte. Hier muss erinnert werden, dass etwa die gleiche Anzahl Schüler wie aus der schuleigenen Grundschule von anderen Grundschulen in die Klasse 5 der Förderstufe eintreten. Es hieß also nach Abschluss des ersten Halbjahres alle Schüler einzukursen, sowohl die erwähnten Gladenbacher Schüler als auch solche aus zuliefernden Schulen, die in Bezug auf Englisch eine breite Varianz aufweisen, insbesondere Schüler mit Englisch ab Klasse 3 (ein- oder zweistündig), aber auch solche ohne jedes Grundschulenglisch.

Dieser Übergang wurde durch mehrere Maßnahmen vorbereitet. Einmal war ein Minimalkatalog an Redemitteln am Ende der Klasse 4 erstellt worden. Weiter ist die zuvor durchgeführte Sprachstandsmessung zu nennen, die den Englischlehrern der Förderstufe einen differenzierten allgemeinen Leistungseinblick ermöglichen sollte. Diese Ergebnisse wurden der Fachkonferenz Englisch vorgestellt und diskutiert. Weiterhin war, vorbereitet durch eine von der Englischfachkonferenz eingesetzten Arbeitsgruppe, die Entscheidung für die Einführung eines neuen Englischbuches *Notting Hill Gate* diskutiert und rechtzeitig beschlossen worden.

Ich ging damals davon aus, dass aufgrund der verschiedenen vorausgegangenen Diskussionen die bislang übliche Einstufung der Schüler nach dem ersten Halbjahr in drei Leistungsgruppen nach A-, B- und C-Kursen im Rahmen und Sinne des Schulversuchs so nicht fortgesetzt würde. Gerade die erstaunlich gute Verstehensleistung wie auch die aufgezeichnete und ausgewertete Sprachleistung schienen mir ein überzeugendes Argument zu sein, nicht vorzeitig zu trennen und alle Förderstufenkinder in drei unterschiedliche Niveaugruppen aufzusplitten, sondern die Schülerinnen und Schüler der Gladenbacher Grundschule möglichst zusammen in nur zweifach gestuften Kursen weiterzuführen.

Die Förderstufenkonferenz hielt aber am traditionellen Verfahren fest. Außerdem wurde eine in allen 5. Klassen durchzuführende Vergleichsarbeit beschlossen und nach deren scheinbar objektivem schriftlichem Ergebnis die Zuordnung zu den drei Niveaukursen vorgenommen. Schon in den ersten Unterrichtsstunden erwies sich, dass mündliche und schriftliche Leistungen teils sehr weit auseinander lagen. So gab es Schüler, die auf Grund der guten schriftlichen Leistung im (gymnasialen) A-Kurs saßen, die aber selbst einfachen englischsprachigen Ausführungen des Lehrers nicht folgen konnten; umgekehrt gab es Schüler, die auf Grund der schlechten schriftlichen Leistung in den B-

oder gar C-Kurs gekommen waren, die sich aber nicht nur lebhaft am Englischunterricht beteiligten und für Englisch interessierten, sondern auch in der Lage waren, den Ausführungen des Lehrers zu folgen und darauf in der Fremdsprache adäquat zu reagieren. Diese offensichtlich gewordenen Unterschiede nötigten dazu, die Einordnung in einer Reihe von Fällen zu revidieren mit dem Ergebnis, dass, von wenigen Ausnahmen abgesehen, die Schüler aus der Gladenbacher Grundschule insbesondere in A- und B-Kursen zusammenblieben und nur einzelne Schüler von Zulieferschulen dazukamen. Wenige Schüler, darunter späte Seiteneinsteiger, wurden in einen C-Kurs gegeben.

Als Fazit kann festgehalten werden, dass in vier Jahren Englisch in der Grundschule ein gutes mündliches Niveau erreicht wird, das die Fortführung eines einsprachigen Unterrichts unter Einbeziehung bekannter Arbeitsformen und auf schon Erarbeitetes aufbauend, nahe legt. Allerdings, und das wurde auch deutlich, ist die schriftliche Leistung keineswegs hinreichend, um die Eignung eines Schülers für einen interaktiven, kommunikativen Unterricht zu beurteilen, eine Feststellung, die später für die zweisprachigen Zweige wichtig ist. Manche Schüler kompensieren durch Interesse, gepaart mit guten mündlichen Leistungen, durchaus Schwächen, die sie im Schriftlichen haben.

Manche Probleme des Übergangs der Schüler in die Sekundarstufe (die Einkursung in Englisch und Verteilung auf schulformbezogene Klassen) und insbesondere die methodisch-didaktische Weiterführung von Englisch auf dem erreichten Niveau konnten im Rahmen des abgeschlossenen Schulversuchs nur ansatzweise angegangen und nicht gelöst werden. Die Schule hat sich unabhängig davon mit der Frage der Evaluation von Sprachlernen beschäftigt und damit begonnen zu prüfen, ob und inwieweit der vom Europarat vorgeschlagene „Sprachenpass", auch „Sprachenportfolio" genannt, sich für eine Evaluation eignen könnte. Hier sollte der schon erwähnte genehmigte Schulversuch „Englisch ab Klasse 1 in der Sekundarstufe" Lösungen erarbeiten (vgl. den Beitrag von Ulrich Andersch).

Qualifikation der Lehrer und Unterrichtsqualität

Bei Beginn des Schulversuchs standen drei Lehrkräfte in Gladenbach zur Verfügung, die eine Ausbildung in „Englisch ab Klasse 3" erhalten hatten und zudem über langjährige Erfahrung im Unterricht in „Englisch ab Klasse 3" verfügten; eine, die Koordinatorin des Schulversuchs, war zudem eine erfahrene Fachberaterin für Englisch in der Grundschule. Die unterrichtspraktische und fachliche Qualifizierung der Klassenlehrer, die Englisch unterrichten sollten, aber keine grundständige Ausbildung in diesem Fach hatten, gehörte zu den Zielen des Schulversuchs. Insgesamt wurden zehn Klassenlehrer ohne Vorkenntnisse, eine mit sehr guten Kenntnissen, zwei Klassenlehrer mit Französisch in der Grundschule und einer mit Deutsch als Fremdsprache im Rahmen des Schulversuchs fortgebildet. Dazu wären zahlreiche Lehrkräfte von anderen Schule zu zählen, die an Fortbildungen und Fremdsprachentagungen der Schule teilnahmen.

Die Qualifizierung der genannten Klassenlehrer durch eine Kombination von teilweiser Doppelbesetzung im 1. Schuljahr, Koordinierungsstunden mit Fortbildungscharakter, gezielter schulnaher Lehrerfortbildung, einem Angebot einen Sprachkurs im Zielsprachenland zu besuchen und partnerschaftlichen Studienfahrten hat sich insgesamt als erfolgreich für die Klassenstufen 1 und 2 erwiesen, wenn man einzelne Lehrer vernachlässigt, die sich bewusst nicht beteiligen wollten. Die so qualifizierten Lehrkräfte fühlten sich – und waren – auch für den eigenständigen Unterricht in Klasse 1 und 2 hinreichend unterrichtsmethodisch und sprachlich fit.

Es war zu beobachten, was auch durch Gespräche bestätigt wurde, dass Lehrkräfte, die für Französisch oder für Deutsch als Fremdsprache qualifiziert waren, sich i. d. R. leichter taten als Klassenlehrer ohne solche Ausbildung und Unterrichtserfahrung. Sie waren mit den genutzten Unterrichtsmethoden schon vertraut und gingen bewusster, flexibler, aber auch souveräner mit Englisch um; dies scheint auch zu gelten, wenn eigene Unterrichtserfahrungen an einer Auslandsschule vorlagen.

Gelegentlich schon gegen Ende des 2., insbesondere im 3. Schuljahr zeigte sich jedoch, dass Lehrende, die für das Fach Englisch nicht grundständig ausgebildet sind, zunehmend an die Grenzen ihrer eigenen Fachkompetenz stießen. Dies gilt einerseits für die unterrichtsadäquaten Reaktionen auf Schüleräußerungen, andererseits muss das gesamte Repertoire des durchgenommenen Stoffes der Lehrkraft ständig präsent sein, um spontan je nach Reaktionen aus oder Stimmungen in der Klasse situationsangepasst Bekanntes aktivieren oder in Abänderung einbringen zu können. Die zunehmende Sprachkompetenz der Schüler, die angestiegene syntaktische Komplexität ihrer Äußerungen, die häufiger auch schon Transferleistungen zeigen und Analogiebildungen nutzen, macht eine deutlich größere sprachliche Sicherheit auf Seiten des Lehrenden erforderlich. Er muss subjektiv und objektiv in der Lage sein, spontan und situationsadäquat in der Zielsprache reagieren zu können. Diese Anforderung wiegt schwer, weil Englisch bis in die Klasse 3 hinein ausschließlich mündlich unterrichtet wird.

Diese sprachliche Sicherheit war nur bei den im Fach Englisch ausgebildeten Fachlehrern gegeben. Die anderen Lehrer fühlten sich jedoch selbst nicht qualifiziert genug, um Englisch ab Klasse 3 weiter allein zu unterrichten. Diese Selbsteinschätzung wurde durch Außenbeobachtungen bestätigt. Ob die Lehrkräfte mit zunehmender Unterrichtspraxis und Fortbildung die notwendige Sprachsicherheit für einen qualitativ guten Unterricht erreichen würden, konnte im Rahmen dieses Schulversuchs nicht geprüft werden, weil ab Klasse 3 daraufhin nur noch grundständig in Englisch ausgebildete Lehrer unterrichteten. Dies wurde möglich, weil fortgebildete Klassenlehrer zu anderen Stellen wechselten oder aus dem Dienst ausschieden und die Schule mehrere neue grundständig ausgebildete Lehrer zugeteilt bekam. Obwohl in Gladenbach ein Sekundarlehrer, der auf eigenen Wunsch in der Grundschule unterrichtete, dies fachlich und methodisch gut machte, bleibt die kritische Frage, ob der Einsatz von Lehrkräften aus dem Sekundarbereich in der Grundschule das Qualifikationsproblem lösen hilft. Ausländische Untersuchungen mahnen hier zu Vorsicht und stützen die Forderung nach einer grundschulspezifischen Qualifikation als Voraussetzung für einen kindgemäßen Unterricht (Genelot 1995).

Wenn durch Fortbildung qualifizierte Klassenlehrer während der Weiterführung ihrer Klasse in 3 und 4 keinen Englischunterricht mehr erteilen, führt dies zu einer übungsmäßigen und sprachlichen Einbuße in Englisch. Bei den im Vergleich zu den Anfangsklassen insgesamt größeren curricularen Anforderungen auf diesen Klassenstufen bleibt, so die Aussage mehrerer Lehrer, auch kaum Zeit, durch Spiele, Lieder oder Wiederholungen unterrichtlich im Englischen verhaftet zu bleiben. Auch fehle es an Zeit und Möglichkeit, selbst dasjenige zu lernen, was der Fachlehrer neu mit den Schülern durchgenommen hat, da die Klassenlehrer parallel selbst Unterricht in anderen Klassen geben. Eine Chance, im Englischunterricht verhaftet zu bleiben, wäre, in Klassen 1 und 2 Englisch zu unterrichten. Zur Behebung dieses Dilemmas wurde eine Abweichung von einer vierjährigen Klassenführung durch die gesamte Grundschulzeit, wie sie in Gladenbach üblich ist, nicht versucht.

Als ein sehr positiver Effekt ist festzuhalten, dass durch die enge Zusammenarbeit im Schulversuch und die Absprachen und den Austausch von Unterrichtsmaterialien bedingt, in der Gladenbacher Grundschule im Vergleich zu anderen Schulen eine höhere Übereinstimmung in den Unterrichtsmethoden und in den Unterrichtsinhalten zu beobachten war als an anderen Schulen. Dies ist ein großer Vorteil für die kollegiale Zusammenarbeit der Lehrkräfte der Grundschule selbst, aber auch für die Englischlehrkräfte der Sekundarstufe, da sie von einer vergleichsweise hohen Gleichartigkeit des Gelernten ausgehen können.

Wie aus eigenen Beobachtungen schon vermutet, zeigte auch die Sprachstandsmessung deutliche Hinweise darauf, dass die Qualität des Unterrichts eine wichtige Rolle für die erreichte sprachliche Kompetenz der Schüler spielt, obwohl diese Untersuchung schon von Anlage und Ziel nicht zu statistisch signifikanten Ergebnissen führen konnte. Die Sprachstandsmessung weist darauf hin, dass die von der einzelnen Lehrkraft geschaffene Lern- und Sprachumgebung eine wichtige Rolle spielt. Die kommunikativ sprachlichen Leistungen zeigten Unterschiede wie u. a. in der Exaktheit der Aussprache. Inwieweit dies auch auf besondere Zusammensetzungen von Klassen und andere Faktoren zurückgeführt werden könnte, muss offen bleiben. Es scheint jedoch, dass das sprachliche Vermögen der Lehrkraft eine Rolle spielt. Hier wäre eine weitere qualitative Angleichung des Unterrichts wünschenswert. Im Übrigen scheint es, dass nur Lehrkräfte, die sich selber sprachlich sicher fühlen, die Schüler sprachlich fordern und damit fördern, sei es, durch häufige eigene sprachliche Variationen, durch längere Ganztexte, aber auch durch den Einbezug von fremdsprachigen Besuchern. Auch deshalb kommt der weiteren, insbesondere sprachlichen Qualifizierung der Klassenlehrer eine wichtige Bedeutung zu.

Die Ergebnisse der Sprachstandsmessung werden stark gestützt durch diejenigen der umfassenden vergleichenden Untersuchung von Peter Doyé an den zweisprachigen Berliner Europaschulen. Er weist dort aufgrund der umfassenden empirischen Daten nach, dass der Faktor Unterrichtsqualität der wichtigste schulische Einflussfaktor in Bezug auf das Lernergebnis der Schüler ist (Doyé 1998).

Dies bestätigt auch, was Doyé und Lüttge (1977) als wichtiges Fazit aus den Schulversuchen zu Fremdsprachen in der Grundschule in den Siebzigerjahren formulierten, nämlich dass es sprachlich und methodisch qualifizierter Lehrer für einen grundschulgemäßen Unterricht bedarf, um in der Fremdsprache gute Lernergebnisse bei den Kindern zu erzielen.

Auch wenn von einer Sprachstandsmessung nur Aussagen darüber erwartet werden können, was gemessen wurde, wäre es sehr wünschenswert, wenn adäquate Sprachstandsmessungen weiterentwickelt würden (vgl. Kierepka 1999). Methodisch und auswertungsmäßig einfache Verfahren, die in etwa dem ersten Teil der durchgeführten Sprachstandsmessung entsprechen, lassen jedoch nur beschränkte Aussagen zu. Weiterentwicklung, Auswertung und Analyse sind sehr aufwändig, da gerade für die (Weiter-)Entwicklung der einzelnen Testelemente zur Prüfung der Güte und Aussagefähigkeit einzelner Bestandteile ein Abgleich mit Redemitteln u. a. und der Unterrichtskonzeption erfolgen müsste sowie auch ein mehrfaches Vortesten. Sinnvoll wäre es weiter, entsprechende Sprachstandstests auch für den Abschluss der Klasse 2 und wegen der Übergangsproblematik noch wichtiger, auch Sprachstandsmessungen für die Förderstufe zu entwickeln. Dabei wäre auch Wert darauf zu legen, mögliche Einflussfaktoren näher zu untersuchen. Dies kann aber weder von Lehrern selbst noch ohne adäquate zusätzliche Mittel geleistet werden. Eine solche Arbeit könnte sich auch für Qualitätsprüfungen im normalen Grundschulbereich förderlich zeigen.

Fremdsprache ab Klasse 1: Herausforderung und Chance

Die Einführung eines Fremdsprachenunterrichts ist für jede Grundschule eine große Umstellung und Herausforderung. Nicht nur die deutsche Grundschule, die ja aus der Volksschule hervorgegangen ist, hat eine jahrhundertealte Tradition als die Schule für das allgemeine Staatsvolk, in der i. d. R. nur die Staatssprache unterrichtet wurde. Die Nationbildung lief weitgehend über diese Schule, sie war ein wichtiges, probates Mittel zur Festigung des Staates, gerade auch durch die Vermittlung einer einheitlichen, zu standardisierenden Sprache und gemeinsamer kulturell-geschichtlicher Bezüge (Kodron 1995). Dadurch wirkte Schule tendenziell vereinheitlichend nach innen und abschottend nach außen. Daher stammt auch die starke Tradition zur strikten Einsprachigkeit, der auch die Grundschule in den Ländern der Bundesrepublik Deutschland verbunden ist. Die Einführung einer Fremdsprache ist in dieser Perspektive keinesfalls ein bloßer Zusatz oder nur die Einführung eines neuen zusätzlichen Faches; sie stellt vielmehr eine radikale Kehrtwendung dar, nämlich eine Öffnung hin zu anderssprachlichen Welten, die auch immer weitere kulturelle Öffnungen mit sich bringen. Dies ist auch eine Herausforderung für alle anderen Fächer, insbesondere für den Deutschunterricht.

Im Folgenden sollen die im Rahmen des Schulversuchs als günstig erkannten allgemeinen Voraussetzungen kurz zusammengefasst werden. Aus der Sicht der wissenschaftlichen Begleitung ist eine notwendige schulische Voraussetzung, dass mindestens zwei Grundschullehrer vorhanden sind, die eine grundständige Ausbildung in der Fremdsprache haben (vgl. auch Blondin et al. 1998). Sie müssen bereit sein sich über Jahre in diesem Bereich besonders zu engagieren. Dazu müssen Kollegen kommen, die sich engagieren, neue Kompetenzen erwerben und diese in der Klasse umsetzen. Sicher muss die Schulleitung ein solches Vorhaben tatkräftig unterstützen. Eine deutliche Mehrheit aller Lehrer der Schule muss schließlich dem Vorhaben zustimmen und es zumindest mit tragen. Eine gewisse Unterstützung durch die Schulaufsicht und/oder das Kultusministerium ist notwendig, zumal wenn es um personelle und materielle Fragen der Ausstattung geht, wie auch Hilfen durch Fortbildungsinstitutionen. Ein intensiver Austausch mit einer Schule, an der schon langjährige Erfahrungen vorliegen, wie dies in Wien der Fall war, hat sich als sehr fruchtbar, anregend und stabilisierend erwiesen.

Aus der Perspektive der wissenschaftlichen Begleitung ist deutlich, dass es vorteilhaft ist, wenn breitere Erfahrungen mit „Fremdsprache ab Klasse 3" vorliegen. Übernommen werden konnte jedoch wenig; Themen, Aktivitäten und Unterrichtsentwürfe aus „Englisch ab

Klasse 3" stellten zwar eine gute Ausgangslage dar, alle Unterrichts-entwürfe mussten aber altersadäquat verändert und angepasst werden. Es würde aber unvergleichlich größerer Anstrengungen bedürfen, ohne solche unterrichtliche Erfahrungen mit „Fremdsprache ab Klasse 3" direkt ab Klasse 1 mit einer Fremdsprache beginnen zu wollen.

Aus übergeordneten Überlegungen trete ich weiter dafür ein, dass alle Klassenlehrer auch das Fach Englisch selbst unterrichten sollten. Dies gilt ganz besonders für die ersten beiden Klassenstufen, in denen Englisch in kurzen Sequenzen unterrichtet wird. Je jünger die Schüler sind, umso wichtiger ist zudem darauf zu achten, ob eine Aufnah-mefähigkeit für Neues vorhanden ist oder ob, im Gegenteil, das Bedürf-nis nach Bewegung und Austoben besteht. Hier kann deshalb von diesem Prinzip nicht abgewichen werden. Nur der Klassenlehrer kann Englisch sinnvoll in den gesamten Unterrichtsablauf einbauen und ihn auch thematisch und methodisch mit anderen unterrichtlichen Inhalten verknüpfen.

Dieser Schulversuch zeigt, dass die Sprachkompetenz der Lehr-kräfte ohne grundständige Ausbildung in Englisch für die Klasse 3 und 4 i. d. R. zumeist weder subjektiv noch objektiv immer ausreichend vorhanden war. Ältere Lehrkräfte, zumal wenn sie aus dem privaten Bereich keine fremdsprachliche Praxis hatten, taten sich gerade mit der Mündlichkeit im Englischen schwer. Der im Prinzip der weit gehenden Einsprachigkeit des Unterrichts liegende Vorteil erfordert jedoch eine gute Sprachbeherrschung. Dies macht deutlich, wie wichtig eine Aus-bildung in einer Fremdsprache für alle Grundschullehrer im Rahmen der Ausbildung wäre (vgl. Blondin et al. 1998).

Die Frage des Übergangs in die Sekundarstufe war und ist auch in Gladenbach eine herausfordernde Problematik. Angestrebt und mit einem neuen Schulversuch verbunden wird eine wirkliche Weiterfüh-rung der weitgehend mündlich gelernten Fremdsprache durch einen veränderten Sekundarunterricht erprobt. Der traditionelle Fremdspra-chenunterricht ab Klasse 5 baut immer noch zu stark auf lesenden oder schreibenden Kompetenzen auf und folgt eher grammatikalischen Strukturen. Eine bruchlose Weiterführung muss also die im Mündlichen liegenden Kompetenzen der Kinder, die „Englisch ab Klasse 1" gelernt haben, aufgreifen, bekannte Sprachstrukturen weiterführen und syste-matisieren, ohne dabei das entwickelte Gefühl für Sprachduktus und zutreffend richtige Ausdrucksweisen brach liegen zu lassen. Zudem sind den Schülern viele Themen und Sachgebiete schon bekannt, die in traditionellen Schulbüchern auftreten. Eine aufbauende Weiterführung erfordert auch ein methodisches Anknüpfen an grundschulspezifische Lernformen und eine Flexibilisierung und Umstellung in den Inhalten und Unterrichtseinheiten. Wie beobachtet werden konnte, hatten man-che Lehrer der Sekundarstufe Probleme damit, dass die Schüler bislang einen weitgehend einsprachigen Unterricht in Englisch gewöhnt waren. All dies wird die Beteiligten in Konstellationen, bei denen Grundschule und Sekundarschule räumlich und leitungsmäßig getrennt sind, vor besondere Herausforderungen stellen. Hier wird eine frühzeitige Zusammenarbeit, insbesondere gegenseitige Unterrichtshospitationen, unumgänglich sein.

In der Einführung eines Fremdsprachenbeginns ab Klasse 1 liegen große Chancen. Wie durch das Aufzeigen größerer Zusammenhänge deutlich werden sollte, ist letztendlich ein die gesamte Schule mit all ihren Beteiligten umfassender Diskussionsprozess zwar einerseits Voraussetzung, andererseits aber auch ein Anstoß, alle eingeschliffenen Muster und Routinen zu überdenken, weil der Fremdsprachenunterricht neuer Lösungen in vielen Detailfragen bedarf. Letztlich ist es ein guter Weg, zu gemeinsamen Grundvorstellungen zwischen Schulleitung, Kollegium und Eltern zu kommen und damit zu einem eigenen Schulprofil wie auch zu einer für die Grundschule wie die weiterführenden Schulen befruchtenden Kooperation. All dies und insbesondere die im Ergebnis deutlich bessere Sprachkompetenz der Kinder, verbunden mit positiven Erfahrungen von Fremdsprachenlernen und damit der Chance zu anderen Einstellungen zum Lernen zu kommen, lohnen allemal den notwendigen Aufwand.

Anhang

Fragen zur Diskussion mit Elternvertretern am 23. Februar 2000[1]

Nachdem der Schulversuch „Englisch ab Klasse 1" nun über 5 Jahre läuft:

Ganz global gesehen:

- Was erscheint als **wichtigstes Ergebnis,** als bester Effekt?
- Was erscheint als **problematischer Aspekt,** als verbesserungswürdig?
- Finden Sie Englisch **ohne Benotung** richtig?
- Wie finden Sie die **Mündlichkeit** des Unterrichts?
- Wo würden Sie Verbesserungsmöglichkeiten sehen?
- Sehen Sie einen **Zusammenhang** von „Englisch ab Klasse 1" und dem Europaschulkonzept?

- Wenn Sie jetzt nur an **Ihr(e) Kind(er)** denken:

- Was erscheint Ihnen bzw. für Ihr Kind als **das Wichtigste** aus dem Schulversuch „Englisch ab Klasse 1"?
- War für Ihr Kind **etwas Besonderes** an „Englisch ab Klasse 1" im Vergleich zu anderen Fächern?
- Ist Ihnen als Elternteil an „Englisch ab Klasse 1" etwas **besonders wichtig**?
- Hat Ihr Kind **Freude am Englischunterricht**?
- Hat sich im Verlauf die **Beliebtheit des Faches Englisch** verändert?
- Hatten Sie den Eindruck von **Überforderung**? Wenn ja, wodurch?
- Wie schätzen Sie die **Motivation ihres Kindes** für weiteren Englischunterricht/Fremdsprachenunterricht ein?

- Wenn Sie jetzt nur an die **ganze Klasse** denken, in der Ihr Kind ist:

- War „Englisch ab Klasse 1" **etwas Besonderes** oder ein **Fach wie jedes andere**?
- Wie kamen die Schülerinnen und Schüler damit zurecht? Gab es Kinder, für die es **problematisch** war?
- Wie war Ihr Eindruck bezüglich **schwacher oder ausländischer Schüler**?
- Welchen Eindruck hatten Sie in Bezug auf **Seiteneinsteiger**?
- Wie ist die **Stimmung in** der (schulinteressierten/der anderen) **Elternschaft**?

---

1   Ein vergleichbarer Frageleitfaden wurde auch für die Gespräche mit Lehrern verwendet.

- Wie war ihr Eindruck von den Lehrern, die Englisch unterrichteten? Taten sie das gern oder eher weil sie es mussten?
- Sollte der Schulversuch **verbreitert/verallgemeinert** werden?

Der schriftliche Fragebogen für Eltern ist zu umfangreich um ihn hier abzudrucken. Er wird vom Autor auf Bitten gern zugesandt:
Ch. Kodron, c/o DIPF, Postfach 90 02 70, 60486 Frankfurt am Main.

Bibliografie

Amt für Schule, Hamburg (Hrsg.). (1997 a). *Der Englischunterricht in den Klassen 4 und 5. Anschlussuntersuchungen zum Schulversuch „Englisch ab Klasse 3". Zwischenbericht zum Fremdsprachenunterricht auf der Primarstufe.* Hamburg: Behörde für Schule, Jugend und Berufsbildung.

Amt für Schule, Hamburg (Hrsg.). (1997 b). *Englisch in der Grundschule – und dann? Die Weiterführung auf der Grundstufe 1.* Hamburg: Behörde für Schule, Jugend und Berufsbildung.

Bebermeier, H. (1992). *Begegnung mit Englisch.* Frankfurt/Main: Cornelsen Scriptor.

Blondin, Ch. et al. (1998). *Fremdsprachen für die Kinder Europas. Ergebnisse und Empfehlungen der Forschung.* Berlin: Cornelsen.

Bludau, M. (1998 a). Fremdsprachenunterricht im Primarbereich (1). *Fremdsprachenunterricht* 42/51: 223–226.

Bludau, M. (1998 b). Fremdsprachenunterricht im Primarbereich (2). *Fremdsprachenunterricht* 42/51: 300–303.

Bludau, M. (1998 c). Fremdsprachenunterricht im Primarbereich – eine tabellarische Übersicht. *Grundschulunterricht* 45/Beiheft 52.

Bludau, M. (1998 d). Vom Abholen und vom Weiterführen. *Neusprachliche Mitteilungen* 51: 157–160.

Böhme, D. (1999). Fremdsprachen – Schlüssel zur Welt. Mehrsprachigkeit gilt als Ziel eines jeden zukunftsgerichteten Bildungssystems. *Schulverwaltung BW* 11/1999: 228–231.

Börner, O.; Brusch, W. (Hrsg.). (1999). *Crossing the Bridge. Thematische Modelle für den Englischunterricht Klasse 3 bis 6. Materialband.* Leipzig: Klett.

Börner, O.; Brusch W. (Hrsg.). (1999). *Crossing the Bridge. Thematische Modelle für den Englischunterricht Klasse 3 bis 6. Lehrerhandbuch.* Leipzig: Klett.

Bücking, G. (1991). Schülerkorrespondenzen im Anfangsunterricht. *Der fremdsprachliche Unterricht Französisch* 25: 16–21.

Christ, I. (1998). Europäisches Portfolio für Sprachen – eine Initiative des Europarats. In: Landesinstitut für Schule und Weiterbildung (Hrsg.). *Wege zur Mehrsprachigkeit. Informationen zu Projekten des sprachlichen und interkulturellen Lernens* 2. Soest: Landesinstitut für Schule und Weiterbildung: 5–11.

Council of Europe (1996 a). *Modern Languages: Learning, Teaching, Assessment. A Common European Framework of Reference.* Strasbourg: Council of Europe (= http://culture.coe.fr/lang/eng/eedu2.5.html).

Council of Europe (1996 b). *Modern Languages: Learning, Teaching, Assessment. A Common European Framework of Reference, Draft 2 of a Framework Proposal.* Strasbourg: Council of Europe.

Council of Europe (1997). *European Language Portfolio. Proposals for Development.* Strasbourg: Council of Europe.

De Leeuw, H. (1995). Englisch in der Grundschule – Was sagen Schüler dazu? *Praxis des neusprachlichen Unterrichts* 42: 353–363.

De Leeuw, H. (1997 a). *English as a Foreign Language in the German Elementary School. What do the Children Have to Say?* Tübingen: Narr.

De Leeuw, H. (1997 b). Einblicke in den Lernprozess: Grundschüler sprechen über ihre Erfahrungen mit „Deutsch als Fremdsprache". In: Legutke, M. (Hrsg.): 177–205.

Döbrich, P. et al. (Hrsg.). (1999). *Arbeitsplatzuntersuchungen mit hessischen Schulen. Zwischenergebnisse 1998.* Frankfurt/Main: DIPF.

Doyé, P. (1993). Fremdsprachenerziehung in der Grundschule. *Zeitschrift für Fremdsprachenforschung* 4 (1): 48–90.

Doyé, P. (1997). Bilinguale Grundschulen. *Zeitschrift für Fremdsprachenforschung* 8: 161–195.

Doyé, P. (1998). Eine Untersuchung zum Hörverstehen der Schülerinnen und Schüler der Staatlichen Europa-Schule Berlin. In: Göhlich, M. (Hrsg.). *Europaschule – Das Berliner Modell.* Neuwied: Luchterhand: 53–65.

Doyé, P.; Lüttge, D. (1977). *Untersuchungen zum Englischunterricht in der Grundschule. Bericht über das Braunschweiger Forschungsprojekt „Frühbeginn des Englischunterrichts", FEU.* Braunschweig: Westermann.

Drese, K. (2000). Klassenkorrespondenz im Frühenglischunterricht ... geht das? Und wie! *Der Fremdsprachliche Unterricht Englisch* 34, H. 45: 14–17.

Edelhoff, Ch. (1990). Lehrerfortbildung und Lehrerweiterbildung für den Fremdsprachenunterricht in der Grundschule. In: *Kinder lernen europäische Sprachen e. V.*, Jahrbuch 1990. Stuttgart: Klett: 56–64.

Edelhoff, Ch. (Hrsg.). (1995). *Notting Hill Gate. Teacher's Manual 1.* Frankfurt/Main: Diesterweg.

Edelhoff, Ch. (1998). Der Beitrag des Faches Englisch zur Schulentwicklung. *Fremdsprachenunterricht* 42, H. 51: 145–146.

Edelhoff, Ch. (1999). Peer Support. Kollegiale Schulrecherche vor Ort. *Pro Schule. Hessisches Landesinstitut für Pädagogik*, Heft 1, Fuldatal 1999: 25–29.

Edelhoff, Ch. (2001). Qualitätsentwicklung und Qualitätssicherung im Fremdsprachenunterricht. In: Edelhoff, Ch. (Hrsg.). *Neue Wege im Fremdsprachenunterricht.* Hannover: Schroedel: 4–11.

Felberbauer, M. (1994). *Begleituntersuchungen zum LolliPop-Projekt. Schulversuch „Englisch auf der Grundstufe 1". Theorie und Praxis. Texte zur Lehrerbildung 3.* Wien: Bundesministerium für Unterricht und Kunst.

Fröhlich-Ward, L. (1990). Englisch in der Vorschule. *Pädagogische Welt* 44, H. 2: 56–58.

142

Genelot, S. (1995). *L'enseignement des langues à l'école élémentaire: Quels acquis pour quel effet au collège? Eléments d' évaluation: le cas de l'anglais.* Dijon: Les cahiers de l' IREDU, Université de Dijon.

Gerngroß, G.; Puchta, H. (1996). *Do and Understand. 50 Action Stories for Young Learners.* München: Langenscheidt Longman.

Gogolin, I. (1999). Nur Wünsche an die Erforschung von Lehr- und Lernmaterial im Kontext des Lehrens fremder Sprachen. In: Bausch, R. et al. (Hrsg.). *Die Erforschung von Lehr- und Lernmaterialien im Kontext des Lernens und Lehrens fremder Sprachen. 19. Frühjahrskonferenz zur Erforschung des Fremdsprachenunterrichts.* Tübingen: Narr: 77–83.

Gompf, G. (Hrsg.). (1990). *Kinder lernen europäische Sprachen e. V.* Jahrbuch 90. Stuttgart: Klett.

Gompf, G. (Hrsg.). (1992). *Fremdsprachenbeginn ab Klasse 3: Lernen für Europa.* Berlin: Cornelsen.

Gompf, G.; Fromm, R. (1993). *Here We Go.* Unterrichtswerk für Englisch an der Grundschule. Stuttgart: Klett.

Graf, P.; Tellmann, H. (1997). *Vom frühen Fremdsprachenlernen zum Lernen in zwei Sprachen. Schulen auf dem Weg nach Europa.* Frankfurt: Europäischer Verlag der Wissenschaften.

Hegele, I. (1996). Fremdsprachen in der Grundschule. Ansätze, Entwicklungen, Perspektiven. In: Duncker, L. (Hrsg.). *Bildung in europäischer Sicht. Perspektiven für die Pädagogik der Grundschule.* Langenau-Ulm: Vaas: 107–126.

Hellwig, K. (1991). Curricula, Rahmenrichtlinien oder Handreichungen für Fremdsprachen an Grundschulen? – Einführung in unterschiedliche Konzepte. In: *Frühes Fremdsprachenlernen – Schulreform für Europa. Loccumer Protokolle.* Loccum: Ev. Akademie Loccum.

Hellwig, K. (1992). Fremdsprachen in der Grundschule zwischen Spielen und Lernen. In: Gompf, G. (Hrsg.). *Fremdsprachenbeginn ab Klasse 3: Lernen für Europa.* Berlin: Cornelsen: 38–50.

Hellwig, K. (1995). *Fremdsprachen als Spielen und Lernen.* Ismaning: Max Hueber.

Hessisches Kultusministerium (Hrsg.). (1995). *Rahmenplan Grundschule gemäß der 204. Verordnung über Rahmenpläne des hessischen Kultusministeriums vom 21.3.1995.* Wiesbaden: Moritz Diesterweg.

Hessisches Kultusministerium (Hrsg.). (2000). *Bildungspolitik in Zahlen – Daten aus dem Schulbereich 2000.* Wiesbaden: Hessisches Kultusministerium.

Hoffmann, I.-B. (2001). Fremdsprachen lernen ab Schuljahr 2001/2002: Baden-Württembergs Lehrkräfte bereiten sich vor. *Fremdsprachen Frühbeginn, Sonderausgabe zum Europäischen Jahr der* Sprachen 2001: 27–33.

Hollbrügge, B.; Kraaz, U. (1996). *Englisch nach der Grundschule: Bridging the Gap.* Berlin: Cornelsen.

Jacobs, E. (1995, 1996, 1997, 1998, 1999, 2000). Schulversuch „Englisch ab Klasse 1" an der Europaschule Gladenbach. *The Merry-Go-Round Project.* Unveröffentlichte Berichte. Arbeitspapiere der Freiherr-vom-Stein-Schule.

Jaffke, Ch. (1991). Zur Begründung und Durchführung des Fremdsprachen-unterrichts der Primarstufe der Freien Waldorfschulen. In: *Frühes Fremd-sprachenlernen – Schulreform für Europa. Loccumer Protokolle*. Loccum: Ev. Akademie Loccum.

Jaffke, Ch. (1993). Zwei Fremdsprachen für alle ab der ersten Klasse: Aus den 70-jährigen Erfahrungen der Waldorfpädagogik. *Grundschule* 12: 21–23.

Jaffke, Ch. (1994). *Fremdsprachenunterricht in der Primarstufe. Seine Be-gründung und Praxis in der Waldorfpädagogik*. Weinheim: Deutscher Studien Verlag.

Jaffke, Ch.; Maier, M. (1997). *Fremdsprachen für alle Kinder: Erfahrungen der Waldorfschulen mit dem Frühbeginn*. Leipzig: Klett.

Kahl, P.; Knebler, U. (1996). *Englisch in der Grundschule – und dann? Evaluation des Hamburger Schulversuchs „Englisch ab Klasse 3"*. Berlin: Cornelsen.

Kast, B.; Mitzschke, M. (1998). Klassenkorrespondenz. *Spracharbeit* 2: 19–31.

Kierepka, A. (1999). Zwischenbericht zum Schulversuch „Frühbeginn des Englischlernens ab Klasse 1" mit besonderer Berücksichtigung der Klassen 3 und 4 im Schuljahr 1997/98. Erfurt: Pädagogische Hochschule.

Kodron, Ch. (1994–2000). Berichte zur wissenschaftlichen Begleitung des Schulversuchs „Englisch ab Klasse 1" Freiherr-vom-Stein-Schule, Europa-schule Gladenbach. Frankfurt/Main: DIPF (unveröffentlichte Berichte).

Kodron, Ch.; Oomen-Welke, I. (Hrsg.). (1995). *Enseigner l' Europe dans nos sociétés multiculturelles – Teaching Europe in our multicultural society*. Freiburg/Breisgau: Fillibach.

Kodron, Ch. et al. (1998). *Europaschulen in Hessen, ein umfangreiches Innovationsmodell; Fallstudie für die Europäische Beobachtungsstation für Neuerungen in Bildung und Ausbildung*. Frankfurt/Main: DIPF.

Kommission der Europäischen Gemeinschaften (1994). *Grünbuch zur Europäischen Dimension des Bildungswesens. KOM (93) 457, endg. Brüssel, 29.09.1993. Zeitschrift für internationale erziehungs- und sozialwissenschaftliche Forschung* 11 (1994) 1: 5–23.

Kommission der Europäischen Gemeinschaften (1995). *Weißbuch zur allgemeinen und beruflichen Bildung. Lehren und Lernen – auf dem Weg zur kognitiven Gesellschaft*. Brüssel: Kommission der Europäischen Ge-meinschaften.

Kubanek-German, A. (1998). Primary foreign language teaching in Europe – Trends and Issues. *Language teaching* 31: 193–205.

Kubanek-German, A. (2000). *Kindgemäßer Fremdsprachenunterricht. Zur Entwicklung eines Leitbegriffs früh beginnender fremdsprachlicher Lehre. Bd. I Ideengeschichte*. Münster: Waxmann.

Landesinstitut für Schule und Weiterbildung (Hrsg.). (1997/2001). *Portfolio der Sprachen*. Soest: Landesinstitut für Schule und Weiterbildung.

Lauerbach, G. (1997). Fünf Mikro-Analysen unterrichtlicher Interaktion aus dem Goethe-Institut-Projekt „Sprachbrücke". In: Legutke, M. (Hrsg.): 133–176.

Legutke, M. K. (Hrsg.). (1997). *Sprachenlernen – Primarschule – Unterrichtsanalyse.* München: Goethe-Institut (= Standpunkte zur Sprach- und Kulturvermittlung Bd. 6).

Legutke, M. K. (2000). Fremdsprachen in der Grundschule: Brennpunkt Wieterführung. In: Riemer, C. *Kognitive Aspekte des Lehrens und Lernens von Fremdsprache. Festschrift für Willis Edmondson.* Tübingen: Narr: 38–54.

Legutke, M. K. (2001). Portfolio für Sprachen – in der Grundschule? Anmerkungen zu einem hessischen Pilotprojekt. *Beiheft Fremdsprachen* zusammen mit *Grundschulzeitschrift* 48, Heft 4: 20–23, 65.

Lortz, W. (2001). Von der Notwendigkeit einer stärkeren Vereinheitlichung. *Fremdsprachen Frühbeginn. Sonderausgabe zum Europäischen Jahr der Sprachen 2001:* 19–21.

Meyer, E. (1992). Es muss nicht immer Englisch sein. Ein Plädoyer für Französisch in der Grundschule. In: Gompf, G. *Fremdsprachenbeginn ab Klasse 3: Lernen für Europa.* Berlin: Cornelsen: 62–68.

Meyer, E.; Kodron, Ch. (Hrsg.). (1993). *Kinder lernen europäische Sprachen. Jahrbuch 93. Fremdsprachenunterricht in den Primarschulen Europas.* Stuttgart: Ernst Klett.

Mitter, W.; Weishaupt, H. (Hrsg.). (1979). *Strategien und Organisationsformen der Begleitforschung. Fallstudien über Begleituntersuchungen im Bildungswesen.* Weinheim: Beltz.

Piepho, H.-E. (1995). *Englisch in der Grundschule.* Handreichungen und Materialien für den Fremdsprachenunterricht in der Grundschule. Bochum: Kamp.

Piepho, H.-E. (2001). Stufenprofile als verbindliche Etappen erfolgreichen fremdsprachlichen Wachstums. In: Edelhoff, Ch. (Hrsg.). (2001). *Neue Wege im Fremdsprachenunterricht. Qualitätsentwicklung, Erfahrungsberichte, Praxis.* Hannover: Schroedel: 12–22.

Prochazka, A.; Schimek, F. (1994). *DOODIE. Teacher's Book 1.* Ismaning: Max Hueber.

Projektgruppe zum Schulversuch „Englisch ab der Grundstufe" (Hrsg.). (o. J.). *LolliPop Project – English is fun. Curriculum für die Grundstufen I und II.* Wien: unveröffentlichtes Manuskript.

Sarter, H. (1997). *Fremdsprachenarbeit in der Grundschule. Neue Wege – Neue Ziele.* Darmstadt: Wissenschaftliche Buchgesellschaft.

Schneider, G. (1999). Wozu ein Sprachenportfolio? Freiburg/Schweiz: Universität Freiburg (= http://www.unifr.ch/ids/portfolio/html-texte/teil3-aufsatz-gu-sprachenportfolio.htm).

Schröder, K. (1999). Den Fremdsprachenunterricht europatauglich machen. *Fremdsprachenunterricht* 43/52: 2–8.

Sekretariat der Ständigen Konferenz der Kultusminister der Länder (Hrsg.). (1990). *Europa im Unterricht.* Bonn: KMK.

Sekretariat der Ständigen Konferenz der Kultusminister der Länder (Hrsg.). (1992). *Zur europäischen Dimension im Bildungswesen.* Bonn: KMK.

Sekretariat der Ständigen Konferenz der Kultusminister der Länder (Hrsg.). (1994). *Überlegungen zu einem Grundkonzept für den Fremdsprachen-*

unterricht mit Gutachten zum Fremdsprachenunterricht in der Bundes-republik Deutschland. Bonn: KMK.

Stern, C.; Döbrich, P. (Hrsg.). (1999). *Wie gut ist unsere Schule?* Gütersloh: Bertelsmann-Stiftung.

Zydatiß, W. (1997). *Umrisse eines Spracherwerbskonzepts für den zweispra-chigen Unterricht bilingualer Lerngruppen in der Berliner Grundschule.* Berlin: Senatsverwaltung für Schule, Jugend und Sport.

Zydatiß, W. (1999). Fremdsprachenlernen in der Primarstufe: Warum und mit welchem Sprachenangebot? Überlegungen zum Berliner Projekt „Begeg-nungen mit einer Fremdsprache ab Klasse 3". *Fremdsprachenunterricht* 43/52: 196–201.

Zydatiß, W. (2000). *Bilingualer Unterricht in der Grundschule. Entwurf eines Spracherwerbskonzepts für zweisprachige Immersionsprogramme.* Isma-ning: Max Hueber.